命がけの証言

清水ともみ

WAC

命がけの証言

●目次

序章
「命がけの証言」に応えて描きました

清水ともみ
楊海英

ナチス「アウシュビッツ」に匹敵する蛮行は許されない

楊　清水さんは、二〇二〇年十一月に季節社から『私の身に起きたこと　とあるウイグル人女性の証言』を出版されましたが、今回、ワックから、この本、『命がけの証言』を上梓《じょうし》されました。まずはおめでとうございます。

清水　ありがとうございます。先に本になった季節社の本は、二〇一九年八月にネット上に公開して、とても反響をいただいた作品を本にしたものです。ウイグル人のミフリグル・トゥルソンさん（女性）の証言をもとに描きました。活字版の本として出版してほしいとの声も多く、みなさんのおかげで、絵本のような形で一冊になりました。

そのあと、この本を読んだワックの編集者から、残りの本になっていない作品を収録したものを出したいとの申し出をいただき、新作というか書き下ろしの作品を含めて、この本になりました。

楊　絵本や漫画やアニメは日本のお家芸ですから、ウイグル問題が日本人の清水さんの手によって、こういう目ですぐに読める形で一冊の本になって本当に嬉しく思いました。この本には、ウイグル人女性（男性）やカザフ人女性などが強制収容所で

受けた虐待や人体実験の生々しい証言が描かれています。まるでユダヤ人がアウシュビッツなどのナチスの収容所で体験したものと瓜二つといっても過言ではありません。二十一世紀の今、こんなチャイナチスの横暴が許されていいわけがありません。

清水　本書に出てくる、セイラグリ・サウトバイさん（女性）はカザフ人ですが、そのほかのグリスタン・エズズさん（女性）、グリバハル・ジェリロワさん（女性）、ハリマト・ローズさん（男性）、ムハラム・ムハンマドアリさん（男性）、アイトゥルスン・エリさん（女性）はウイグル人です。この方々の収容所での凄まじい体験、命がけの証言を一人でも多くの人に伝えたいとの思いで描きました。

ありがたいことに前著は、一人で何冊も買って、小学校や図書館に配って下さった方もいます。また、有志の方によって、ネット上で十四カ国語に翻訳され、動画にもなっています。

楊　この本は絵本のような体裁ではありませんが、多くの人に読んでほしいと思います。

ところで、私の国籍は、いまは日本人ですが、南モンゴル・オルドス高原に生まれました。生粋のモンゴル人です。残念ながら「中国人」として北京の大学で学び、一九八九年に来日し、いまは静岡大学で文化人類学を教えています。モンゴルにおける中国共産党の様々な弾圧に関して『墓標なき草原　内モンゴルにおける文化大革命・虐殺の記録』（岩波書店）などを書きました。そのように、私も中国共産党による民族浄化《ジェノサイド》の現状を、一般書や学術書・史料集の形で告発もしているのですが、「活字」ではやはり限界があります。

というのも、残念なことに活字がぎっしりとつまった学術書・史料集は研究者以外、あまり読まれないですから（苦笑）。しかし、絵本、イラスト、アニメ、マンガとなると一般の方にも伝わりやすい。

日本には、教科書にも載っている『スーホの白い馬』（モンゴルを舞台にした絵本。大塚勇三著／福音館書店）や、『虹色のトロツキー』（満洲国を舞台にした漫画。安彦良和著／潮出版社）といった中国を舞台にした漫画や絵本が有名ですが、いま中国内で現在進行形で起きている「民族浄化」を直接のテーマとして描いた作品はありませんでした。これからはぜひ、内モンゴルのジェノサイドについても描いていただきたいものです。

清水　今、楊先生の数々の御著書等で内モンゴルの歴史を学んでおりますが、知れば知るほど源流はここにあると思います。隠された史実のようになっていることがもどかしいです。知人の作家に、ウイグル人と交流があり、ウイグル問題に詳しい方がいらっしゃいます。しかし、ウイグルを作品の舞台や題材にしようと編集者に何度打診しても良い答えは得られないそうです。

楊　日本のマスコミの一部には、中国に遠慮している人たちがいます。私も個人的に民族浄化の現状を漫画化してほしいと打診したことがありますが、どこも敬遠してやってくれない。そういう出版業界のタブーを破ったのが今回の本で、歴史に残る作品だと思います。

神さまが描けと言ってくれたのです

楊　いままでの著作活動に対して、中国政府から何か圧力などはありましたか？

清水　やはり、本書にも収録しているウイグルの民族浄化の現状を描いた最初の作品『その國の名を誰も言わない』（二〇一九年）を描いてネット上に公開した後、誰がやったのかはわかりませんが、何日か続けて深夜三時頃、自宅のインターフォンが鳴り続けたことがありました。

楊　気味が悪いですね。

清水　中国関係のジャーナリストにその話をしたら、「それは第一段階の警告だね」と言われました。それ以外にも、取材と称しながら、私の身辺調査をしている節《ふし》があります。

楊　中国メディアの取材ですか。

清水　日本のメディアの者だと名乗っていましたが、本当かどうか分かりません。直接取材を受けた際、私の職歴や家族構成、さらに子供の年齢まで聞かれました。ところが、その後、音沙汰は一切ありません。記事になった気配もないのです。不安になって知り合いのメディア関係者に尋ねると、普通の取材でプライベートなことを、そこまで立ち入って聞くことはあり得ないと言っていました。

楊 中国共産党の魔手が、海を越え、描き手である自分のところにまで及ぶとは想像できなかったでしょう。

清水 ある程度は覚悟をしていました。中国の悪い噂は耳にしていましたから。それでも、普通の人と政治に詳しい人との間での中国における民族問題の認識が全く違っていて、私の周りの友人はウイグル問題なんてまったく知りません。それこそが本当に怖い。これは日本の将来につながる話ですから。

楊 それで勇気を出して描かれたのですね。

清水 正直、『その國の名を誰も言わない』を描いたときは、匿名で出そうと思っていました。家族に迷惑がかかるかもしれないから。

楊 中国はやり方が汚く、本書でも描かれていますが、留学生などによる中国共産党への批判を封じ込めるために、ウイグルにいる家族をすぐ人質にとったりします。日本ウイグル協会理事のハリマトローズ氏も兄上を人質にとられていると訴えています。

清水 そうですね。中国からの圧力だけでなく、私自身はウイグル人の知り合いもいなかったためウイグルのことをきちんと描ける自信もなかったので本当に悩みました。

ただ以前、『関口知宏の中国鉄道大紀行～最長片道ルート36、000㎞をゆく～』という旅番組を見ていて、ウイグルのカシュガル地区の回がとても印象に残ったことがあるんです。

というのも、カシュガルの一面の綿畑で農家の方がとても暗い表情で綿を摘んでいたのが印象に残ったんです。話しかけてもあまり答えない。普通、こういう現地取材をする時、笑顔を浮かべながら農作業をしているシーンが出ますよね。当時は、なぜそんなに暗い表情なのかなと疑問に思っていましたが、それから十年たってウイグルの現状を知り、あの暗さの理由が分かりました。

あのシーンをもう一度見れば描けるかもしれないと思い、インターネットで、その動画を探したのですが、どこにも動画が見つからず、DVDも非常に高価だったので迷っていました。そんなある日の朝、テレビをつけたら偶然、再放送していたんですよ。その時に、全身に鳥肌が立って、これは描かなければいけない、天命、神さまからのメッセージなのかと思いました。

楊 それはすごい話だ。関口知宏さんのお父さんは、関口宏さん。某テレビ局の朝の番組の司会者ですが、とてもリベラルな方として著名ですよね。その息子さんの番組が清水さんを動かして、こんな中国共産党批判の本を描かせたとは……。歴史の皮肉ですかね（笑）。

清水　ですから、描く以上は匿名ではなく、責任のある名前でなければ意味がない。そう思い、二十年前にプロの漫画家としてデビューした時に使った「清水ともみ」の名で描かせていただきました。

文化的な脅迫・ジェノサイドで骨抜きにされるウイグル

清水　楊先生はウイグルなどの現地調査にも行かれていますが、状況はどうですか？

楊　悪化する一方です。一九九一年から毎年、新疆《しんきょう》ウイグル自治区で遊牧民カザフの調査を始めました。日本からの調査隊を受け入れたのは、中国科学院新疆分院という、新疆〝学術会議〟みたいな組織です。まぁ、中国の「日本学術会議」のようなものと思えばいいですね。日本学術会議は日本政府の方針にしばしば逆《さか》らいますが、こちらは中共政府の言いなりです（笑）。国の機関で、そこに所属しているから一流の研究者たちばかりですが、ウイグル人をものすごくバカにし、悪口はもちろん、酒に酔った勢いで殴る蹴るなど、ウイグル人を動物以下に見ていました。あまりにもひどいので、腹が立って、私がそんな差別的な発言をするなと注意をしたら、殴り合いのケンカに発展し、警察沙汰になったこともあります（苦笑）。

その後も新疆には何度も調査に行きましたが、二〇一三年三月にカシュガルに行ったときは最悪でした。街中至るところに金属探知機が設置されていて、銃火器を持っていないか検査《チエック》を受けるためにウイグル人が長蛇《ちようだ》の列をつくっていました。ホテルのロビーには「祈り禁止」『ウイグル語禁止』の文言があちこちに貼られていました。もちろん検査対象はウイグル人だけで、我々外国人はフリーパスです。食事をしようと村に入ると、パトカーが村を包囲し、ウイグル人を捕まえていた。食堂の人に「あれは、何してるの？」と聞いたら、「いや、また誰かを逮捕しにきたんだよ」と。清水さんが本書で描いているとおりのことが日常茶飯事で発生していました。いまもっと酷い状況になっているのでしょう。

清水　確かに漢人（中国人）たちがウイグル人を人間扱いしていないと聞きます。自治区の幹部が「あいつらは人間じゃないから何してもいい」と言ったそうです。ウイグルの方によると、ウイグル人が歌と踊りが好きな民族であることを利用しているそうです。朝、農村中で音楽を流し、踊りに行くようにと指令が出て、毎日夕方くらいまで踊らされる。当然、農家は農作物がつくれなくなり、収入がなくなる。そのタイミングを見計らって政府がわずかな補助金を出し、それを生活の唯一の頼りにさせるわけです。

楊　中国はウイグル人を歌と踊りしか能がない民族だと思っている。歌や踊りは自発的にするものです。朝寝ているときに大音量の放送で起こされ、無理矢理踊らされる。これは一種の文化的な脅迫・ジェノサイドです。

清水　ウイグル人はとても穏やかな文化と生活習慣があります。中国のやり方はそれを踏みにじる行為です。

楊　一つ言っておくと、中国人は歌と踊りがものすごく下手クソなんですよ（笑）。

中国はヒトラー同様の酷いことをしている

清水　中国が新疆ウイグル自治区にこだわるのはなぜですか？

楊　理由は二つあります。一つは、漢民族が他の民族の地域を取りたいという侵略意識。もう一つは、新疆の生活レベルが中国内地よりはるかに高いこと。新疆の農耕技術は中国の技術とは比べ物にならないほど高いので豊かでした。一九四九年に、この地には二十八万人だった漢族が、今は一千万人を超えている理由も、ウイグルの農作物によるところが大きい。それが目当てに移住してきた。さらに、新疆のタクラマカン砂漠から石油と天然ガスが見つかり、その資源も中国経済に欠かせない。海底資源が豊富だとわかったとたんに尖閣を横取りしようとしているのと同じ構図。ウイグルはもう完全に支配下に置いたから、もう手放すに手放せなくなっています。

清水　中国は新疆ウイグル自治区で成功したことを周辺地域にも広げているようですね。

楊　ええ、今度は、私の故郷である南モンゴル（内モンゴル）が狙われ被害にあっています。二〇二〇年九月から中国政府は内モンゴル自治区で標準中国語（漢語）の教育強化を始めました。事実上のモンゴル語廃止です。

これを受けフフホトなどで保護者や生徒らの抗議活動が発生し、約一万人が拘束されました。内モンゴル出身で、大相撲の荒汐《あらしお》親方も「母語が失われる」と訴えています。

モンゴル語の本がゴミ置き場に捨てられている映像などもある。中国は最後の内モンゴル的要素であるモンゴル語を完全に消し去ろうとしているわけです。新疆で二〇一七年にウイグル語教育を事実上禁止にしたときもそうですが、中国はやり方が汚い。公文書で禁止にすると国連の憲章違反になるので、直接、学校側に圧力をかけ中国語教育を強制しています。

清水　モンゴル語だけでなく歴史捏造もひどいものがありますね。フランスの博物館が企画した「チンギスハーン展」が二〇二〇年の秋に中国の圧力で中止になりました。

中国政府から「チンギスハーン」「帝国」「モンゴル」といった言葉を展覧会から削除するよう、博物館へ中国政府直々の圧力があったと言われています。

楊　チンギスハーンはモンゴル民族の英雄なのに、中国政府は「中華の英雄チンギスハーン」にしろと要求したのです。また、一部のモンゴルの歴史教科書ではチンギスハーンが削除され、代わりに毛沢東が載っている。これまた、文化的ジェノサイドです。

清水　中国共産党の民族浄化の意図は何ですか？

楊　同化ですね。漢民族は他の民族に対しての不信感がとても強い。同化して同じ民族にしてしまえということです。今に始まったことではありません。

新疆では一九四九年、毛沢東の側近、王震《おうしん》が軍隊を引き連れ、カザフ人とウイグル人を片っ端から虐殺しました。どれほどの人数を殺したかのデータもないほどですよ。その後、彼の軍隊が新疆のオアシスを占領して、それまで住んでいたウイグル人はそこから追われる羽目になりました。何度でも言いますが、毛沢東などのやったことは、ナチス・ヒトラーのやったユダヤ人狩り、ユダヤ人虐殺に匹敵する野蛮行為です。

清水　そうやって、どんどん他人の土地を侵食していくのが中国の伝統・お家芸。そのやり方があまりにも世に知られていない。教わりませんし。隠されているとさえ思います。

日本人が、中国に「恩」や「負い目」を感じる必要はない

楊　二〇〇九年のウルムチ蜂起（広東省の工場に勤務していた多数のウイグル人が中国人によって殺傷された事件の裁判で、襲撃側の刑事処分が曖昧にされたことからウイグル人の不満が高まり発生）のとき、中国人の間で「俺ら人数多いから怖くないよ」というスローガンが流行《はや》りました。

実は、中国人はウイグル人やモンゴル人をとても怖がっています。だから必ず複数人で固まって行動する。彼らには「共存」という発想がなく、必ず自分たちが数で上回ろうとする。移住した先々で中国人のコミュニティを形成し、共存することなく自分たちの一族を増やして数で圧倒してしまう。

清水　恐れているからこその行動なのですね。日本の地方の過疎地域では中国人の帰化がとても増えているようです。それもウイグルや内モンゴルでやっている侵略と同じですよね。いずれ過疎地で中国人の数が日本人を逆転してしまうのでは。

楊　十分あり得ます。以前、私が司会を担当した「世界婦人会議」が静岡県で開催されたとき、長野県や新潟県から多くの女性が来ましたが、彼女たちの日本語を聞くと

中国語なまりが入っていた。地方には、中国人が多く入り込んでいることがわかります。

清水　日本に住む中国人を増やすことで、〝目に見えない侵略〟を行っている。大学でも毎年数えきれない留学生が徒党を組み、リーダーは間違いなく中国大使館とつながりがある。

とある大学の先生が、「コロナウイルス」のことを「武漢肺炎」と発言しました。それを聞きつけた中国人留学生が大使館と連絡を取りながら大人数で先生に謝罪を要求し大学に辞めさせるよう求めました。講師を追い詰め辞めさせた。その講師は背後に大使館の指令があったことを知らないと思いますが。

楊　日本人はすぐに謝ってしまう傾向があるので、そこを逆手に取って追い打ちをかけてくる。

清水　謝罪した大学では中国批判がタブーとなり自粛してしまいます。〝武漢肺炎〟と言って何が悪いのでしょうか。

楊　トランプ大統領（当時）は「チャイニーズウイルス」と言っていますから。日本は中国に忖度《そんたく》しすぎです。以前、静岡県立大学にウイグル人女性の留学生がいました。ある日、彼女が突然私のところに泣きながらやって来た。話を聞くと中国人留学生にいじめられたとのこと。私はなんとか対応しましたが、ゼミなどで中国人留学生にいじめられても、普通の教授は知らん顔です。結局彼女は、静岡県立大学にいられなくなり、カナダに亡命《ぼうめい》しました。

清水 見て見ぬふりですか。日教組の影響かもしれませんが、学校の社会科の先生は、どの先生もかなり親中派のようです。生徒が香港問題をテーマに取り上げたら、コメントをくれなかったり、「トランプよりバイデンさんの方がいい」などという発言があったりするようです。

多くの小学校や中学校を中国人が文化交流と称して訪問していますし、中国人がつくった小物や名前の書かれたハンカチを、毎年子供が持って帰ってきます。日本人の性格からすると、中国人が一人でも教室やオフィスにいたら中国批判なんて絶対にできません。そういう空気をつくり上げようと、メディアや教育現場で進めているのではないでしょうか。

楊 日本人は中国人を「同文同種」だと思っているところがある。中国は漢字を教えてくれた国だから恩人の国。戦前、シナ事変などで中国には悪いことをしたから、中国の悪口を言ってはならない。中国に対して反省しようなどという「洗脳」が戦後ずっと行なわれてきました。これらは全て中国共産党の宣伝工作《プロパガンダ》です。例えばウイグル人はイスラム教でアラビア文字を使っていますが、アラブの国を恩人だとは別に思っていない。

清水　真実を伝えないメディアや嘘の戦後教育によって美しい〝中国ロマン〟が出来上がってしまいましたから。

楊　一九八〇年代に、NHKで放送された「シルクロード─絲《し》綢《ちゅう》之《の》路《みち》─」や「大黄河」をきっかけに、日本で「シルクロードブーム」が起こりました。そもそもシルクロードは中国のものではない。西アジア、中央アジア、地中海沿岸地方を貫く道ですから。

清水　パンダもそうです。上野動物園のパンダが貸借の期限切れで中国に返還されることが話題になっていますが、パンダ＝中国というイメージは中国のプロパガンダ。本当は、パンダはチベット東部が故里です。「パンダ＝チベット」というキャンペーンを上野動物園から始めましょう。

楊　〝日中友好〟なんてつくられた中国イメージです。幻想でしかない。この際、正しい中国観を整理する必要がありますね。

「臓器移植先進国」の背後にある闇を見ない日本のメディア

楊　メディアの忖度もひどい。

清水　もう異常とすらいえます。例えば、先の米大統領選でもバイデン候補の批判はほとんどしないのに、トランプ大統領の批判は毎日のようにしていました。

中国に対する批判も、それこそウイグル問題などを扱うべきなのにほぼ口をとざしたまま。いわゆる「報道しない自由」です。

楊　中国が怖いからですよ。トランプ大統領を批判しても、アメリカは日本に危害を加えませんが、中国だとイヤガラセをしたり、理不尽な圧力をかけてくる。さきほどの清水さんに対するようなことをするのです。かつて某新興宗教団体に批判的な発言をした人たちが、襲撃されたりしたことがあったでしょう。それと同じような恐怖を抱いているのかもしれませんね。

清水　長い目で見たら、圧力に屈するのが一番の悪手なのに。以前、テレビ朝日の小松靖アナウンサーが「ウイグル問題は我々メディアも非常に扱いにくい問題で、中国当局のチェックも入りますし、だから我々報道機関でも、ウイグル自治区のニュースを扱うのはタブーとされています」（二〇二〇年七月六日『ワイドスクランブル』）と生放送中に勇気ある発言をしました。彼はもうその番組にいませんが。

楊　日本のメディアはウイグル問題には特に冷たい。内モンゴル問題やチベット問題は多少報道したりするのですが、ウイグル問題はほとんど報道していません。

清水　よほど都合が悪いのでしょう。『その國の名を誰も言わない』に描きましたが、中国共産党は、強制収容所に収監している人々から臓器を強制摘出し、年間十万件以上の臓器を全世界に提供しています。今はないようですが、ウイグルのカシュガル空港には、かつて臓器専用通路が存在していましたし、十二歳以上のウイグル人にDNA生体検査を義務づけています。

ところが、あろうことかフジテレビは情報番組『とくダネ！』で「日本から中国へつないだ〝命のバトン〟」（二〇二〇年六月十六日放送）というテーマで放送した際には、中国の臓器移植のスピードを称賛する始末でした。

この番組では、中国国内における「臓器売買」のさまざまな疑惑には触れず、中部国際空港に旅客機が到着したところから始まりました。この飛行機は、中国の武漢からやってきたチャーター便であり、この飛行機は（日本にいる）二十四歳の中国人女性の重病患者を武漢に連れて行くために飛んできたとナレーションがされます。

「彼女がここにたどり着くまでには、懸命に命を守ってきた日本の医師たちの存在があった。新型コロナウイルス感染拡大に伴う混乱に翻弄《ほんろう》されながらも、日本と中国の国境を越えてつないだ命のバトン。その軌跡を追った」と続きます。

彼女は技能実習生として来日したものの、巨細胞性心筋炎という難病が発生し、日本国内の藤田医科大学病院にて緊急手術をして「補助人工心臓」により命をなんとかとりとめたもの心臓移植をする必要があるとの診断を受けました。そこで中国領事館のはからいによって、「母国中国で心臓移植を受ける。中国ならすぐにドナーも見つかる」からということになったのです。

番組では医療ジャーナリストなどが、日本は中国に比べると移植の体制などが遅れているといわんばかりの発言をしていました。

思わずツイッターで、《〃日本で進まぬ臓器移植〃、一方中国では1～2カ月で出来るのにって？　なんだこのアオリ。ひとりの人間の命を、人生をいただく行為が、そんなに簡単に出来るはずがない。そして、世界で言われている背景を報道が知らないはずがない。おかしいし、怖いよ》(二〇二〇年六月十七日）と投稿しました。

楊　大きな反響があったそうですね。とにかくテレビ局はひどい。中国国内では死刑囚から臓器を取り出し、それを共産党幹部などの臓器移植に使っているなどといった告発を実際に手術した医者などが国際社会に行なった事例もあります。本書で清水さんが描いたようにウイグル人の未成年者を拉致して臓器の一部を取り出した事例も報告されています。そういうことがあっての恐るべき「臓器移植先進国」なのです。

清水　その技術に日本も協力していますよね。長年に渡る巨額のＯＤＡによる日中友好病院、医療留学生への技術指導で。

楊　ともあれ、二〇二〇年七月、東京の中国大使館前で抗議デモをやったとき、千五百人くらいの大規模なデモでしたが、それをテレビで報じたのは、なんと一週間後！　速報性がなく、もうニュースとはいえません。二〇二〇年十一月二十五日前後、王毅（中国外相）の来日に際して、尖閣を守れとかウイグル・モンゴル弾圧を止めろといったデモも国会前などでありましたが、ほとんど報道されることはありませんでした。安保法制反対とか安倍首相批判デモなら少人数でも大きく報道されるのに、反習近平、反王毅ではニュース価値がないのでしょうか（苦笑）。

清水　彼らは安倍総理批判が大好きですから。私のところにテレビ局や新聞社の取材があっても、結局、放送や掲載はされないことがとても多いです。最近で一番ひどかったのは、私がテレビで証言してくれるウイグル人を連れて現場に行ったら、取材がなくなっていたんです。当日のドタキャンですよ、信じられません。

楊　二〇一六年の文化大革命五十周年の時に、テレビから取材の依頼があり、中国の問題について話しました。ところが放送日にテレビをつけると別の放送に変わっていた。特に突発的な大事件がその日の朝、あったわけでもない。上層部からの指令が急にあったんでしょうかね（苦笑）。

中国や北朝鮮の人権弾圧には沈黙する自称「人権団体」

楊　不思議なのは、日本のメディアだけでなく、アメリカのBLM（ブラック・ライブズ・マター）などを主導していたリベラル人権団体も中国相手には何も言わないことです。

北朝鮮人権第3の道編の『北朝鮮 全巨里教化所 人道犯罪の現場 全巨里教化元収監者81人の証言を含む8934人による北朝鮮の国内人権状況の証言集』（連合出版）という本があります。北朝鮮の収容所で悲惨な体験をした人たちが自ら「イラスト」を描いて、その惨状を告発した本です。清水さんの本と通じるところがあります。

清水　先日、送ってくださった方がいて拝見しました。リアルな地獄絵図だと思いました。

楊　この本の編者は、当初は韓国内の人権弾圧を批判していましたが、韓国が民主化したあとは、北朝鮮の独裁政権の人権抑圧を告発しています。当然の変化です。人権を考える上で「国境」を作って、北朝鮮や中国の共産圏の人権弾圧は黙殺する日本の何処かの市民団体とは月とスッポンですよ。

　ちなみに、国境に人権を設けて、北朝鮮や中国の人権弾圧などを見て見ぬフリをしているのは、国際人権NGOヒューマンライツ・ナウです。その事務局長の伊藤和子氏（弁護士）は、『人権は国境を越えて』（岩波ジュニア新書）という本を書いていますが、北朝鮮や中国のさまざまな人権弾圧には沈黙しています。矛盾を感じないのか？

清水　不思議なことですね。たしかに、私のところに日本の人権団体からの取材やコンタクトは一切ありません。私がアイヌの利権問題や虚実、慰安婦問題の政府対応批判を投稿すると、中国に親和性のある人たちから差別主義者のレッテルを貼られる。なぜでしょう。

楊　そもそも国連人権理事会の理事国が中国なんて信じられません。人権団体こそ二重基準《ダブルスタンダード》で差別的な思考が強いと言えます。

清水　はい。本来、今の中国に資格がないはず。そんな偏ったメディアや国際機関が出した声明を国民はたやすく信じてしまいます。

　でも、そこに潜《ひそ》み、手を入れる中国という国がどういう国なのかは、モンゴルやチベットやウイグルで何をしてきたのか、本当の歴史を見れば明らかなはずです。

楊　そういった意味で、清水さんのこの本は、若い世代に浸透すると思いますよ。若い人たちはネット番組をよく見るので、メディアや戦後教育に疑問を持っている方が多い。中国の民族問題にも関心がありますし、漫画も大好きですから。

清水　命がけで自らの体験を語った人々の証言が、一人でも多くの方に届くことを願っています。次章からのマンガをぜひ読んで、そして考えて下さい。疑問に思ったことは調べてみて下さい。独裁国家故にこうした悲惨な状況は「映像」として私たちのところにはあまり伝わってきませんが、これらの証言は今も中国国内で声をあげることすらできず消えていく人たちの声でもあるのです。

楊 海英（よう・かいえい）
一九六四年、南モンゴルのオルドス高原生まれ。一九八七年北京第二外国語学院大学日本語学科を卒業。一九八九年に日本に留学。別府大学、国立民族学博物館、総合研究大学院大学で文化人類学の研究を続けた。二〇〇〇年に日本に帰化。日本名は大野旭。著書に『墓標なき草原　内モンゴルにおける文化大革命・虐殺の記録』（岩波書店・司馬遼太郎賞受賞）、『チベットに舞う日本刀　モンゴル騎兵の現代史』（文藝春秋・樫山純三賞受賞＆国基研・日本研究賞受賞）など多数。

その國《くに》の名を誰も言わない
第一章　私の国の名は東トルキスタン
清水ともみ

私たちは
毎晩
慟哭《どうこく》しながら
夢を見ている
あたりまえに
あった
あの日々
今となっては
まるで
見えない
星空をつかむような
途方《とほう》もなく
遠い夢を

ビッ
ぐっ
ぐっ

いわゆる新疆《しんきょう》ウィグル自治区《じちく》
こんにちは〜
ニーハオ

私たち日本のテレビ局です
広い畑ですねー
ひとりでやってるんですか
リーベン・・日本の
新疆綿《しんきょうめん》といって品質のいい高級品として日本にも多く輸入されています
テレビ局
日本・・先進国で美しい国だと聞いたことがある
手伝いますよー
!
彼は日暮れまで綿摘みを手伝ってくれた
主人が迎えに来たわ
どうもありがとう

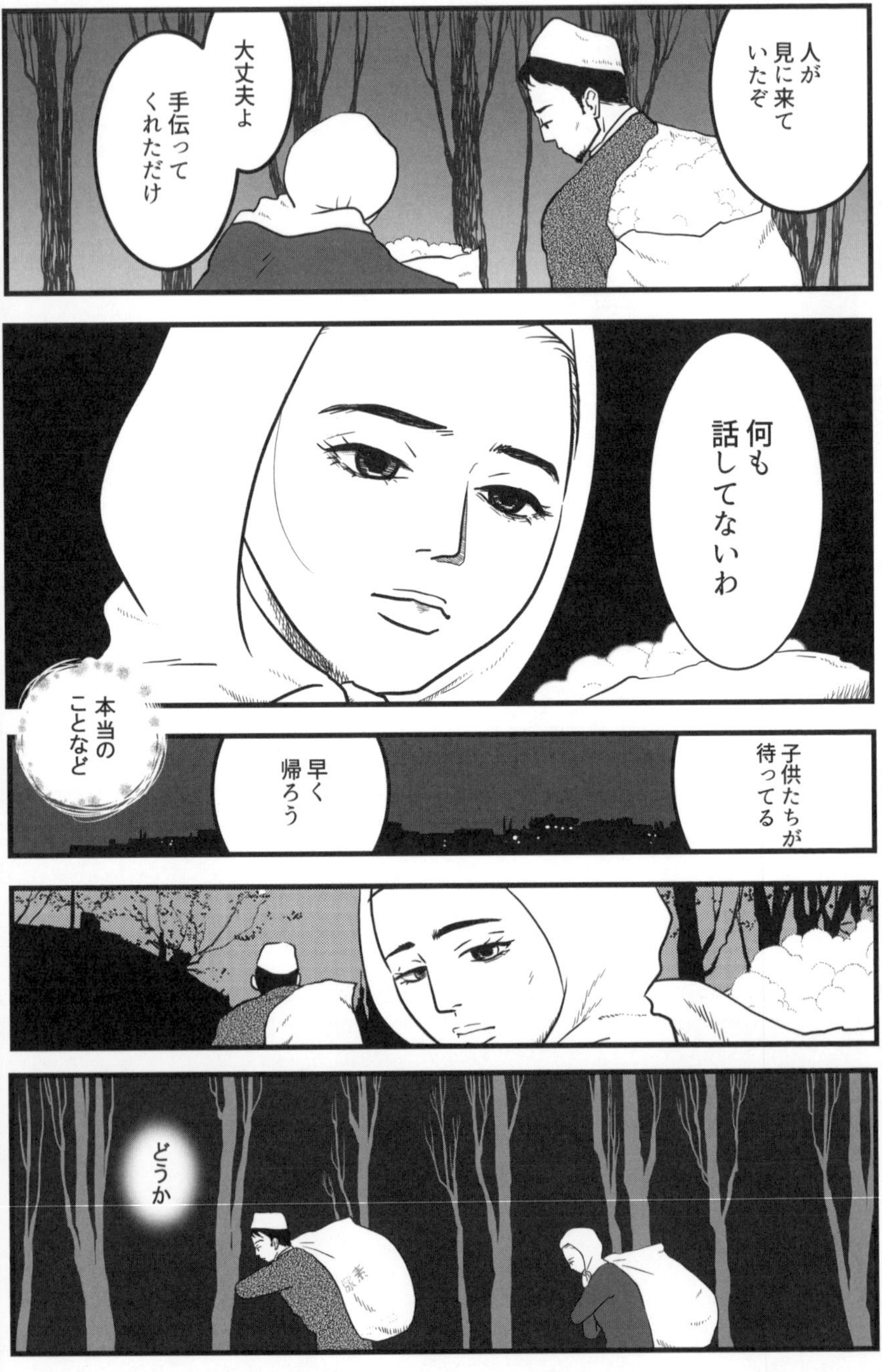
人が見に来ていたぞ
大丈夫よ 手伝ってくれただけ
何も話してないわ
子供たちが待ってる
早く帰ろう
本当のことなど
どうか

美しい国から来た
心やさしい人たち
ここで起きてることを見つけて
世界に伝えてくれたなら
2017年
ゴ
それでも10年前はまだよかった

参拝《さんぱい》する者がいないから取り壊すんだそうだ
もし参拝《さんぱい》すれば
神を信じた罪で
逮捕《たいほ》される

ここ数年
街中いたるところに
監視《かんし》カメラが設置《せっち》され
私たちには
移動の自由も
なくなった
常に警察《けいさつ》の
検問《けんもん》を受け
仲間同士集まる事は
禁止されている
全家庭に
当局の無線《むせん》を配給《はいきゅう》
PCスマホは
スパイウエアを
インストゥールされ
提出を拒《こば》めない
百姓安全APP
2009年の
騒乱《そうらん》事件以降
まず若い男性が理由なく
街から消えていったが
いまや
誰であろうと
関係がない
ウイグル人でさえ
あれば

「教育による改心《かいしん》が必要」だと送致《そうち》される施設《しせつ》は
180か所を超え100万人以上のウイグル人が収容《しゅうよう》されていると言われる
おかあさーーん！
おとうさーーん！
あいたいようーーーー！
おかあさーーーーーん！
おーかーあーさーーーーん！

どうしてこんなに遠くまで来てしまったのか・・
お父さんも反対したのに村中の娘が行くからと役人が無理強《むりじ》いして・・
お母さん・・
家に帰りたい・・
お母さん帰りたい・・
・・・・・
お母さん？どうしたの？
・・もう・・電話してきちゃいけない・・
・・・まってお母さん！
お母さん！

若い娘たちは
集団で地方に
働きに行かされ
ひとりっ子政策《せいさく》で
男余りの漢人《かんじん》と
結婚させられたり
売春婦《ばいしゅんふ》として
売られたりしている
近年は当局が
パスポート申請《しんせい》を
推奨《すいしょう》し
登録《とうろく》したウイグル人が
逮捕《たいほ》されたり
中华人民共和国
护照
People's Republic of China
PASSPORT
海外にいたウイグル人に
警察《けいさつ》から
帰国命令が出て
空港に到着《とうちゃく》したところで
逮捕拘束《たいほこうそく》された
そうして
収容される
「職業訓練《しょくぎょうくんれん》センター」の
通気口《つうきこう》からは
異臭《いしゅう》がし
隣《となり》の土地には
なぜか
大きな穴が掘られていたり
巨大《きょだい》な焼却炉《しょうきゃくろ》が
建設《けんせつ》されている

若い女の子たちが
一晩中むさぼられていました
もし抵抗すれば殺すぞと脅《おど》されていた
♪共産党がなければ新しい中国もない
共産党がなければ新しい中国もない♪
♪党は人民に解放の道筋を指し示した
党は中国を光の方向に導《みちび》く♪
当職業訓練《とうしょくぎょうくんれん》センターは
入所者の血筋を打ち壊し基盤《きばん》を打ち壊し出自《しゅつじ》を打ち壊さねばならない！
拘束《こうそく》すべき者はできるだけ拘束《こうそく》せよ！

驚いたことにメスを入れたら血が流れたのです
まだ生きている！
2013年スコットランド議会
亡命ウイグル人医師 Dr. Enver Tohti
一週間拷問《ごうもん》を受けて傷だらけの女性の胸《むね》を麻酔《ますい》なしの手術《しゅじゅつ》で切り開いていました
最初が心臓で
次が腎臓《じんぞう》
メスを入れると大量の血が噴《ふ》き出して・・
手術バサミで切り取られた時痛みで身体が痙攣《けいれん》しました
私は監視役《かんしやく》で
むごかった・・今でも鮮明《せんめい》に
もうこれ以上は話せません
国内には巨大な移植《いしょく》専門病院がありで昼夜問わず稼働《かどう》
年間10万件以上の臓器を全世界に提供しているという報告がある

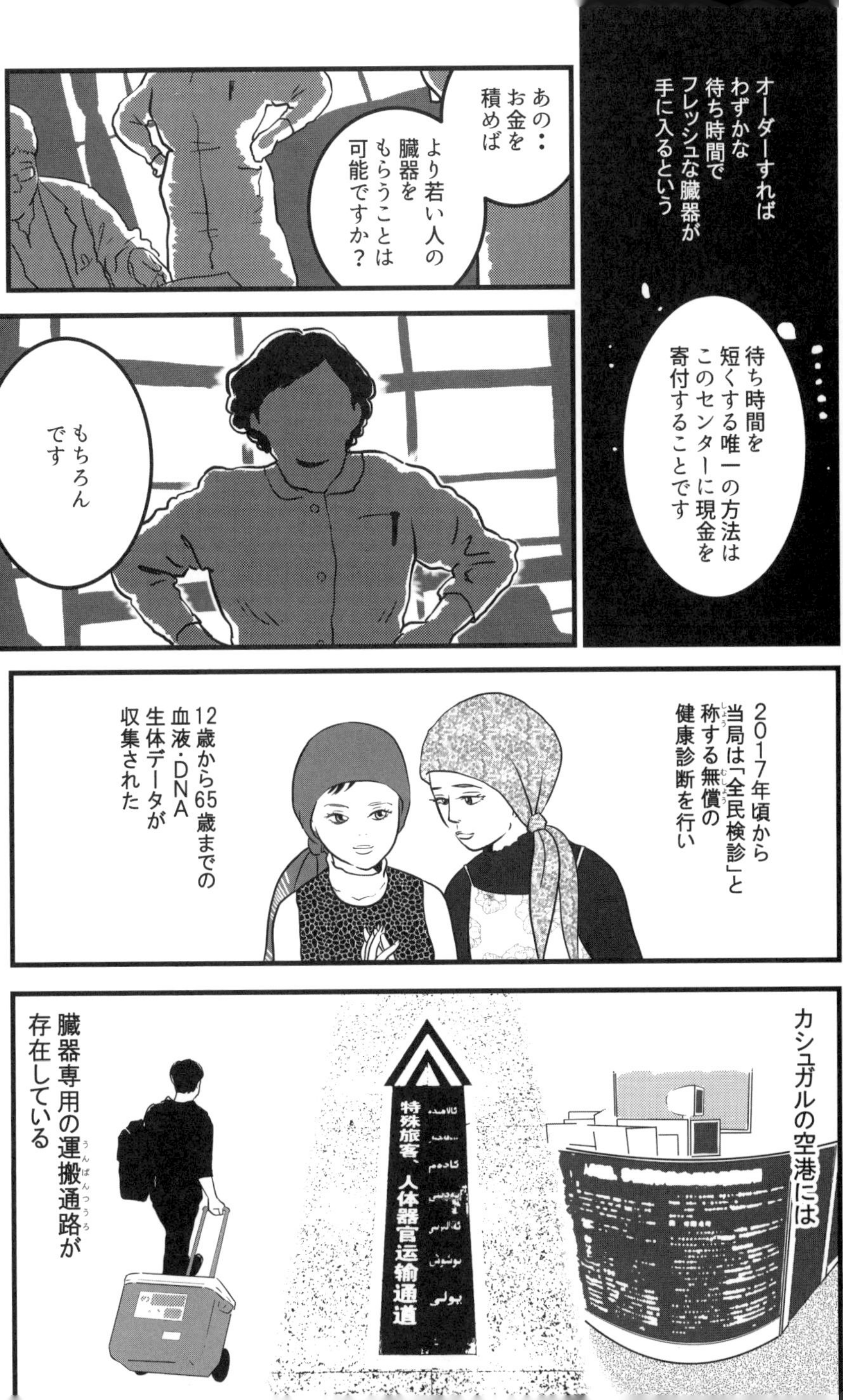
オーダーすれば わずかな 待ち時間で フレッシュな臓器が 手に入るという
あの… お金を 積めば
より若い人の 臓器を もらうことは 可能ですか？
待ち時間を 短くする唯一の方法は このセンターに現金を 寄付することです
もちろん です
2017年頃から 当局は「全民検診」と 称《しょう》する無償《むしょう》の 健康診断を行い
12歳から65歳までの 血液・DNA 生体データが 収集された
カシュガルの空港には
特殊旅客、人体器官运输通道
臓器専用の運搬通路《うんぱんつうろ》が 存在している

ズルズルズル
ドサッ
ハハハ
妹は妊娠《にんしん》六か月の状態《じょうたい》で釈放《しゃくほう》され
首を吊《つ》って死にました
まだ18歳だった

2018年

پارتىيىنى سۆيۈش، ۋەتەننى سۆيۈش
爱党　爱国

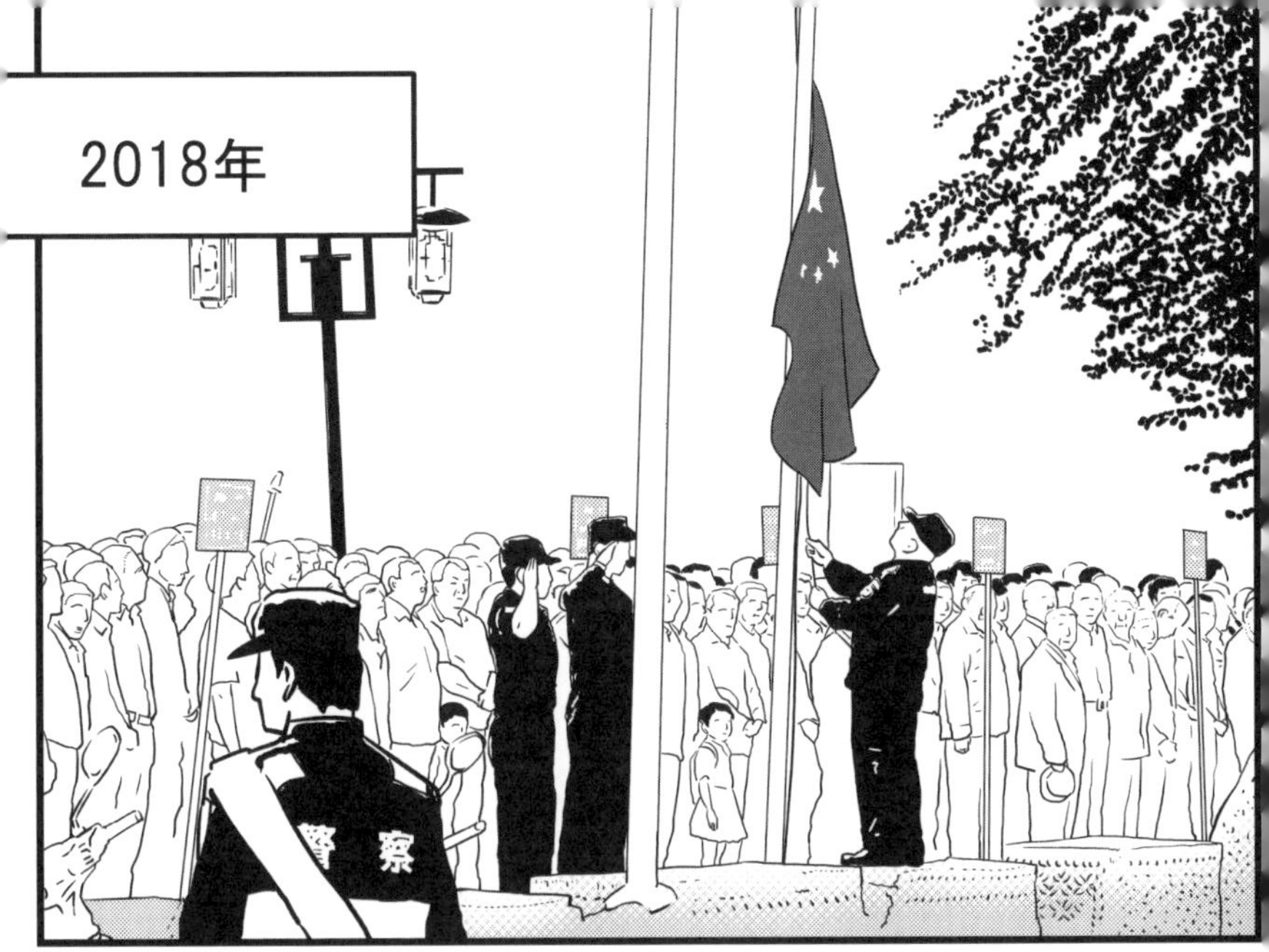

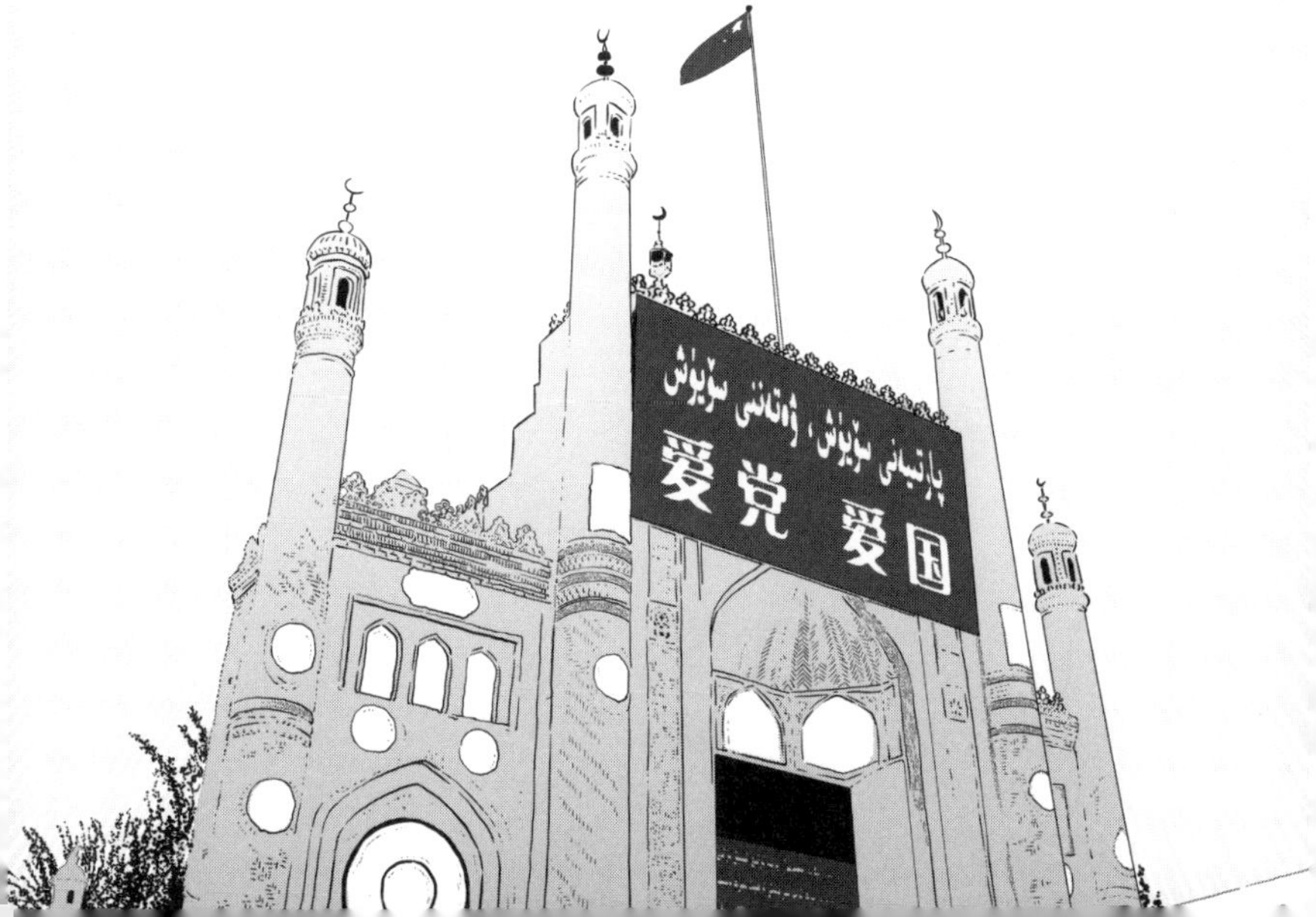

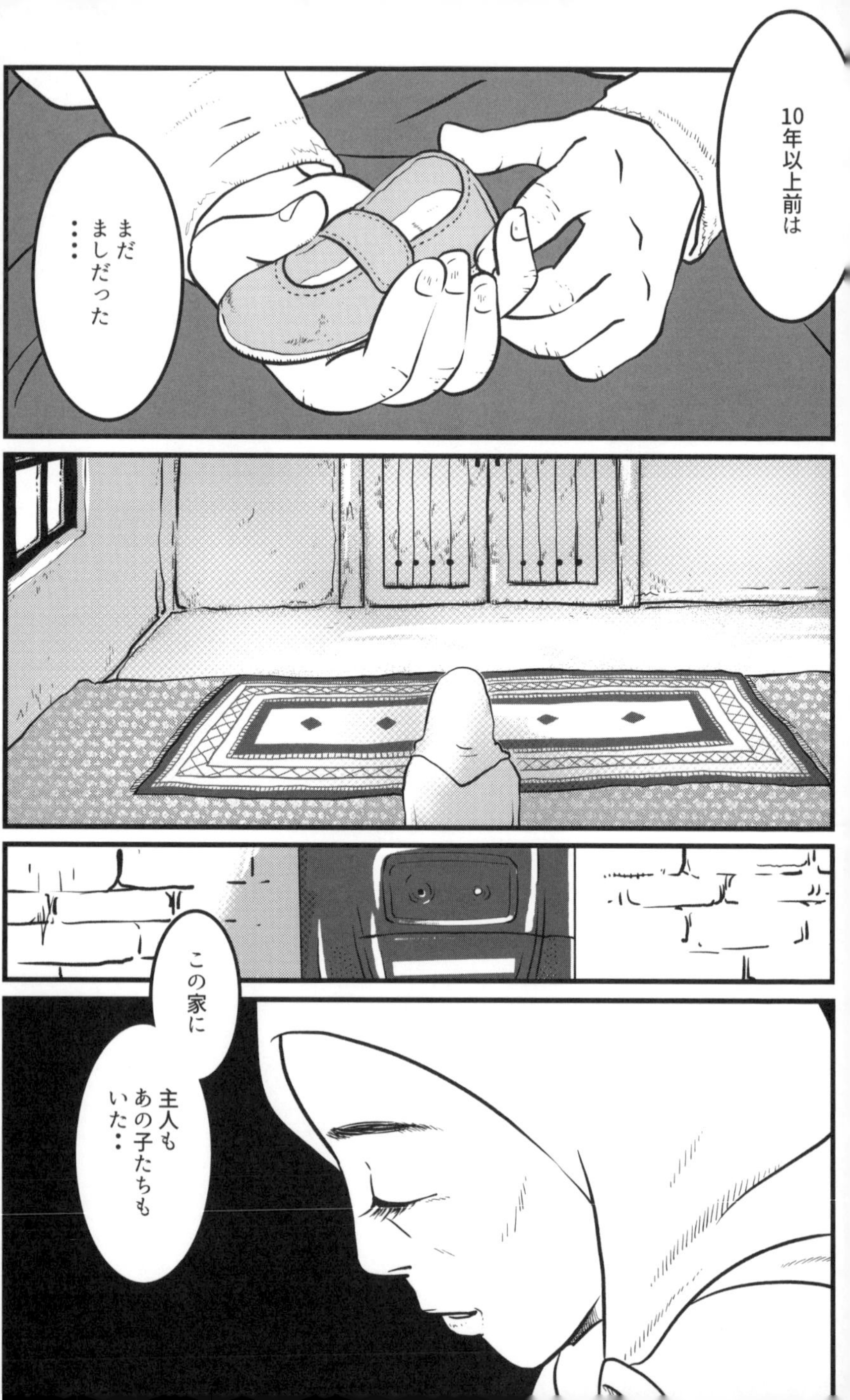
10年以上前は
まだましだった・・・・
この家に
主人も
あの子たちも
いた・・

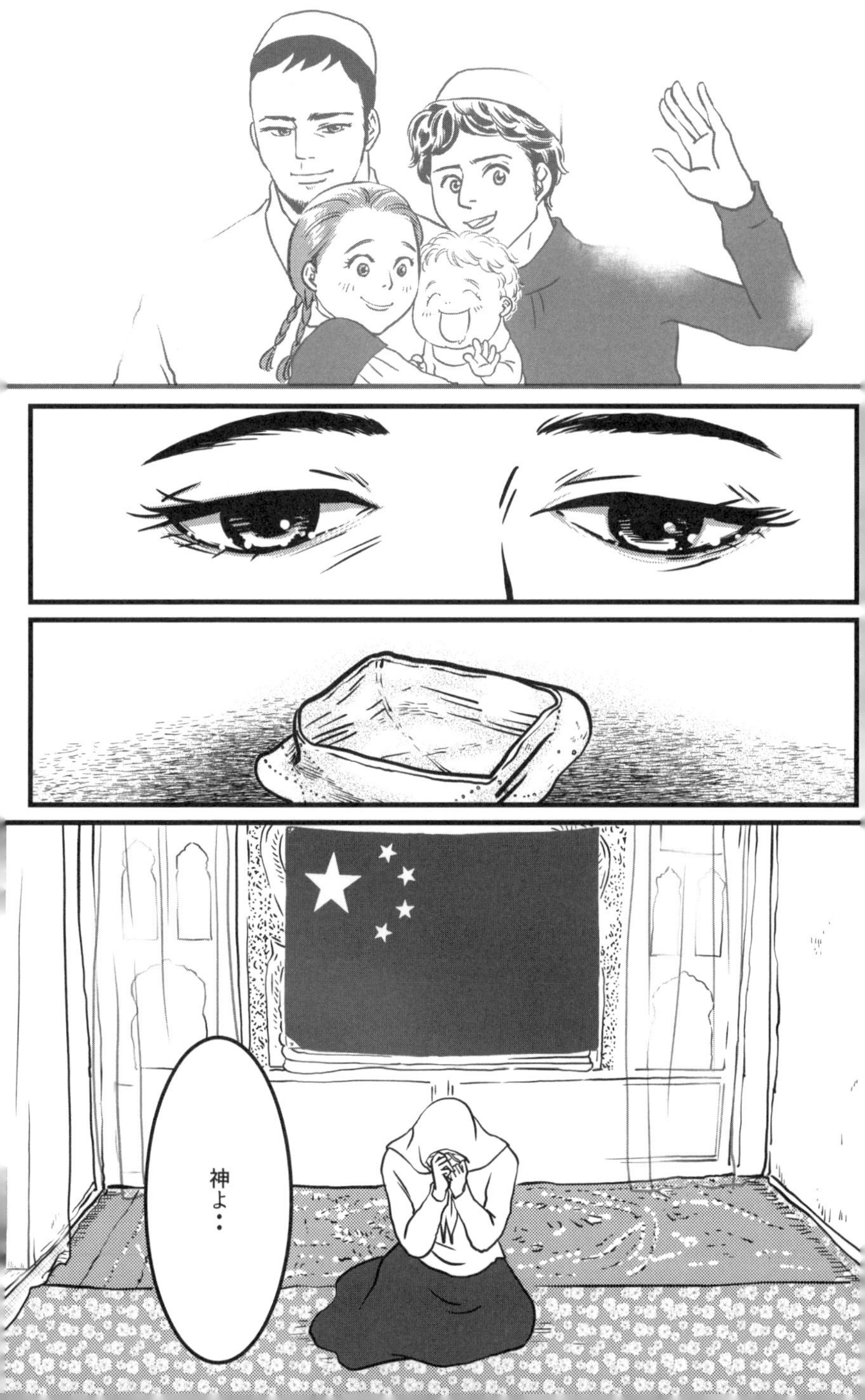
神よ・・

どうしてこんなことに
なってしまったのか
私たちは
歌と踊りを愛する
穏《おだ》やかな民族だった

※中国共産党はウィグル自治区内で告知することなく45回以上の核実験を行った。

ただ情報《じょうほう》にうとくて
危険を察知《さっち》できなかった
彼らは私たちの土地に大量に移り住み
表向き仲よくしよう守ってやる経済発展《けいざいはってん》させてやると

美しい国から来た人よ
どうか知ってほしい
もし…私たちがこのまま全滅《ぜんめつ》したとしても
決して
それが終わりじゃない
ギッ

おい！
さっきから誰と話してる！
なんだ ひとりか
なぜ スカーフを している？
それでも 中華人民か
とれ！ 今すぐ
でないと…
…とりません

私の国の名は
東トルキスタン
拘束《こうそく》しろ！

マルコ・ルビオ米上院議員
警棒《けいぼう》2768本
電気棒550本
手錠《てじょう》1367個
催涙《さいるい》スプレーを2792缶購入《こうにゅう》する職業訓練《しょくぎょうくんれん》センターとは
いったいどんな職業訓練センターなのか？
アメリカ　ペンス副大統領
中国共産党は百万人以上のウィグル人を施設に収容し24時間体制で洗脳《せんのう》している
自国民を抑圧《よくあつ》する方向に大きく舵《かじ》をきった
トルコ外務省《がいむしょう》もトルコ系住民への抑圧《よくあつ》や収容所での拷問《ごうもん》・同化政策《どうかせいさく》は人類の恥だと収容所の閉鎖《へいさ》を求める声明《せいめい》を出した
それらに対し　中国共産党はテロ対策《たいさく》であるとし収容を合法化《ごうほうか》
新疆《しんきょう》ウイグル自治区《じちく》の社会は安定し経済も発展《はってん》し宗教の自由も享受《きょうじゅ》している
中国の内政であり外国が干渉《かんしょう》する権利はない

今現在も
新疆《しんきょう》ウイグル自治区《じちく》では
新しい
職業訓練《しょくぎょうくんれん》センター
再教育施設《さいきょういくしせつ》が
急ピッチで
建設《けんせつ》され続けている

この作品は資料を基に
構成したストーリーです

出典・参考

世界ウィグル会議
https://www.uyghurcongress.org/jp/
https://www.uyghurcongress.org/jp/?p=4999

BITTER WINTER
https://jp.bitterwinter.org/

AFPBB
http://www.afpbb.com/articles/-/3204613

Buzz Feed News
https://www.buzzfeed.com/jp/meghara/21centurypolice-in-china

COURRIER JAPON
https://courrier.jp/news/archives/144179/

西日本新聞
https://www.nishinippon.co.jp/nnp/world/article/455971/

日本経済新聞
https://www.nikkei.com/article/
DGXMZO36256090Z01C18A0FF8000/

REUTERS INVESTIGATES
https://www.reuters.com/investigates/
special-report/muslims-camps-china/

大紀元
https://www.epochtimes.jp/2018/10/37153.html

BIGLOBENEWS
https://news.biglobe.ne.jp/international/1006/
sgk_181006_7512055598.html

ドキュメンタリー中国渡航移植の闇 ― 生きるための殺害？
中国での移植ツーリズムの実態を暴く
https://youtu.be/YJD-xjt7xK0

新疆ホータン　カシュガルでの厳重警備と監視
https://youtu.be/7Zs4wUf5HN8

カシュガル旧市街 Kashgar Old Town
https://youtu.be/MBa20UEUvB0

@yuhji40818
https://twitter.com/yuhji40818/status/885141011197861888

@EmilyZFeng
https://twitter.com/EmilyZFeng/status/900687159832621056

BBCNEWS
https://goo.gl/images/DN8Cdi

@etman09
https://twitter.com/etman09/status/1073898126115655680

チャンネル桜
http://www.ch-sakura.jp/
http://www.ch-sakura.jp/programs/program-info.html?id=1675

DHCテレビ　真相深入り！虎ノ門ニュース
https://dhctv.jp/season/261/

敬称略・順不同

平成31年4月29日　清水ともみ

「赤狩り」より怖い中共の「臓器狩り」には沈黙？

序章や第一章で触れられているウイグル人などを対象にした臓器狩りの実態については、河添恵子氏の『覇権・監視国家--世界は「習近平中国」の崩壊を望んでいる』（ワック）も参照していただきたい。清水さんのこの本の四十二頁に出てくるウイグル出身で英国に亡命したエンヴァー・トフティ医師の証言が、より詳しく紹介されているからだ。

河添氏はオンラインでトフティ医師と対談しており、そのやりとりが掲載されている。河添氏は、そうした取材を通じて、世界の多くの国が中国共産党は「ナチスドイツよりも残虐な政党」と見るようになりつつあるものの、国連の人権委員会が中国共産党に乗っ取られたまま機能不全であり、「中国共産党＝ジェノサイド政党」との認定手続は、そう簡単には進みそうにはないと指摘している。日本国内でも、自民党の一部議員が臓器狩り問題を取り上げているものの、日頃人権を声高に叫ぶリベラル派は沈黙しているそうな。

米国や戦後日本でのかつての「赤狩り」（レッドパージ）などについて未だに言及する向きがある。だが、日米で、赤狩りで追及・追放された人たちは、せいぜいといっては失礼だが、一時刑務所に入ったり、「職業」を失ったり海外に逃亡した程度。強制収容所に入れられたり、あげくのはてには処刑されたり臓器狩りなどをされたわけではない。現在進行形のより残酷な仕打ちにもっと怒りの声を発すべきではないか（編集部）。

清水ともみ著
『私の身に起きたこと
〜とあるウイグル人
女性の証言〜』
（季節社）

第二章　「ウイグル族」と呼ばないでください

私は36歳
ウイグル人です
留学《りゅうがく》するために来日し
２０１８年帰化《きか》が認《みと》められ日本人になりました
今は通訳《つうやく》などをして働きながら
子育てをしています

いつか故郷《こきょう》の両親に孫《まご》の顔を見せたかったけれど
今はそれもかないません
ウイグル人の会話《かいわ》は盗聴《とうちょう》されているので
私からは連絡《れんらく》を控《ひか》えSNSの投稿《とうこう》を見て家族の無事《ぶじ》を見守っていました
ところが2017年
弟の更新《こうしん》が途絶《とだ》え
悩《なや》んだ末《すえ》実家《じっか》に連絡すると
半年前に「勉強に連れていかれた」とのことでした

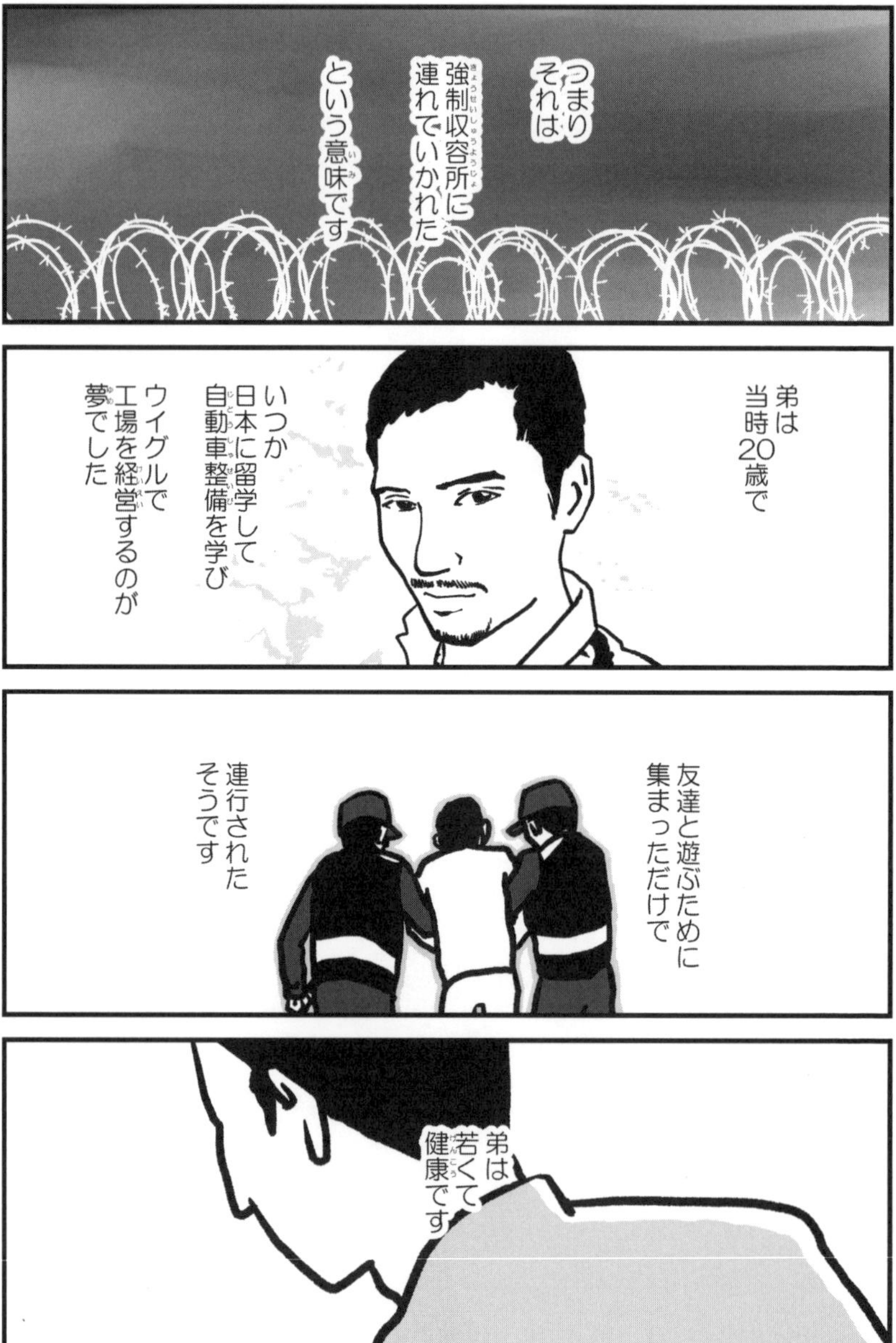
つまり
それは
強制収容所《きょうせいしゅうようじょ》に
連れていかれた
という意味《いみ》です
弟は
当時20歳で
いつか
日本に留学して
自動車整備《じどうしゃせいび》を学び
ウイグルで
工場を経営《けいえい》するのが
夢《ゆめ》でした
友達と遊ぶために
集まっただけで
連行された
そうです
弟は
若くて
健康《けんこう》です

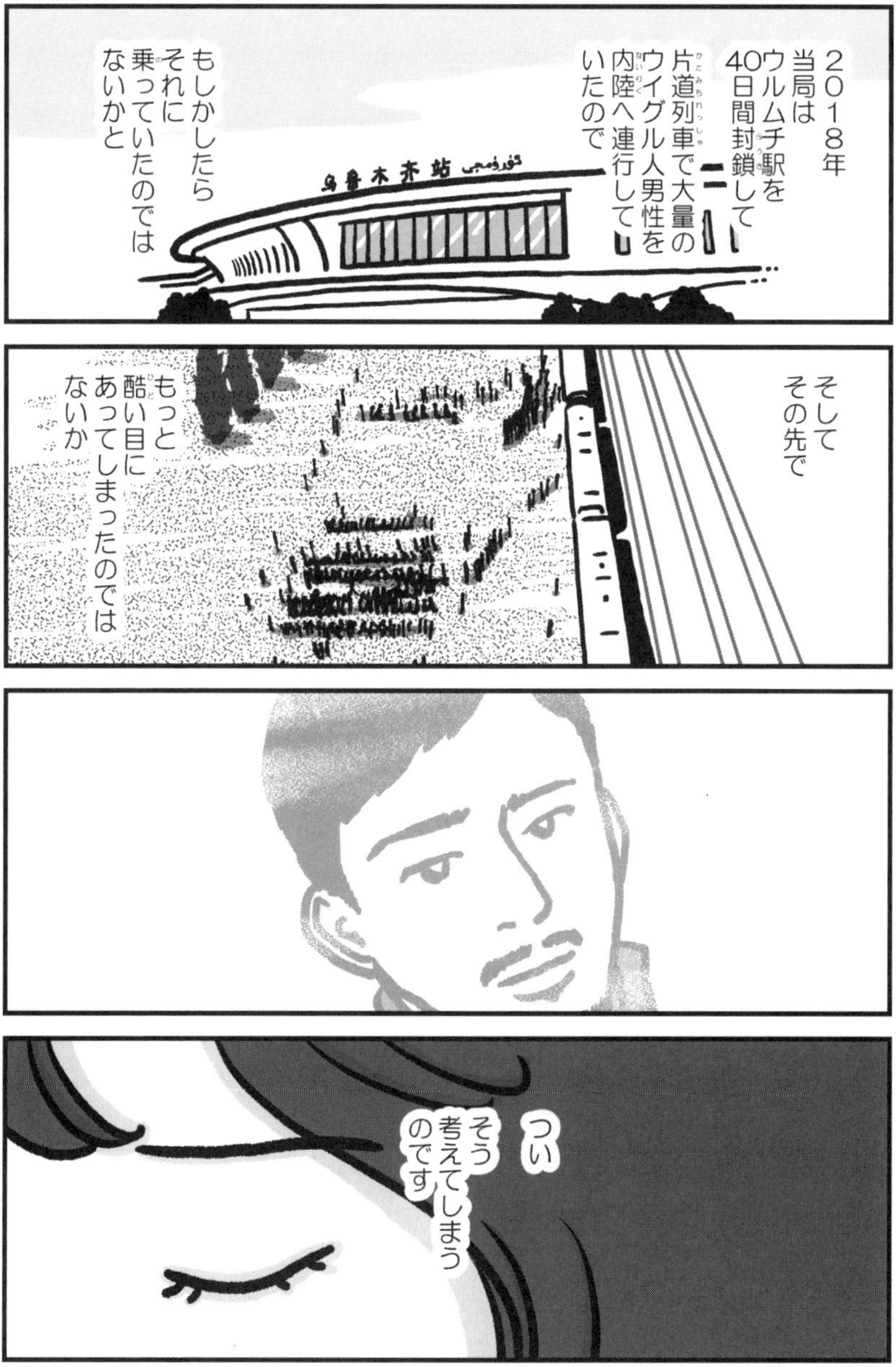
2018年
当局は
ウルムチ駅を
40日間封鎖《ふうさ》して
片道列車《かたみちれっしゃ》で大量の
ウイグル人男性を
内陸《ないりく》へ連行して
いたので
もしかしたら
それに
乗《の》っていたのでは
ないかと
そして
その先で
もっと
酷《ひど》い目に
あってしまったのでは
ないか
つい
そう
考えてしまう
のです

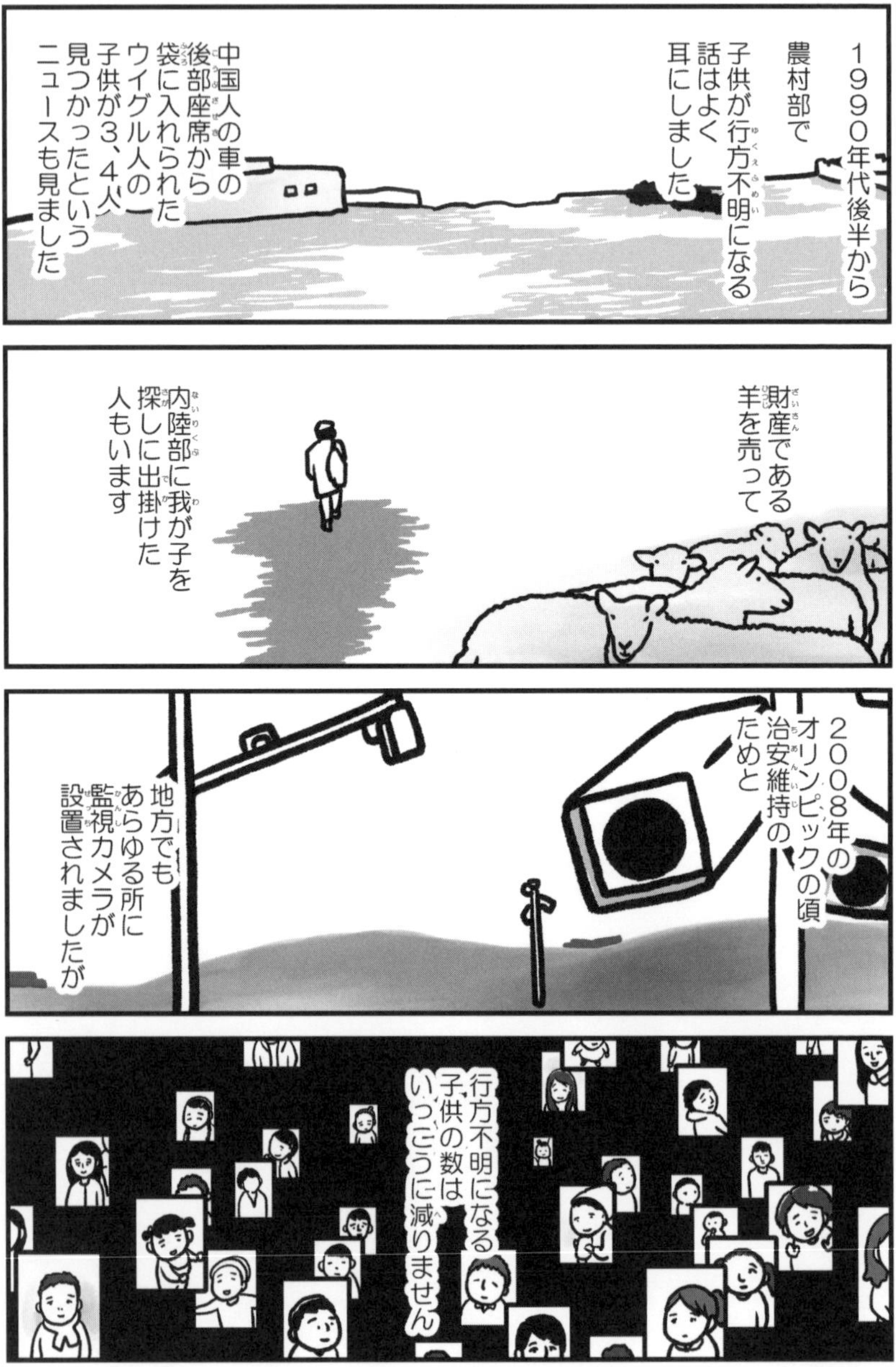
1990年代後半から
農村部で
子供が行方《ゆくえ》不明《ふめい》になる
話はよく
耳にしました
中国人の車の
後部座席《こうぶざせき》から
袋《ふくろ》に入れられた
ウイグル人の
子供が3、4人
見つかったという
ニュースも見ました
財産《ざいさん》である
羊《ひつじ》を売って
内陸部《ないりくぶ》に我《わ》が子を
探《さが》しに出掛《でか》けた
人もいます
2008年の
オリンピックの頃
治安維持《ちあんいじ》の
ためと
地方でも
あらゆる所に
監視《かんし》カメラが
設置《せっち》されましたが
行方不明になる
子供の数は
いっこうに減《へ》りません

なぜか
カメラに人さらいが
映《うつ》ることは少なく
警察《けいさつ》も
捜査《そうさ》して
くれません
親は
必死《ひっし》になって
いなくなった
我が子の情報を
SNSに公開し
探しましたが
その後
それすら
取り締《し》まりの
対象《たいしょう》になりました
ウイグル人の
アニワルトフティ医師《いし》が
3、4か月
行方不明になって
帰ってきた子の身体を
調べたところ
腎臓《じんぞう》が片方
なくなっていたそうです
眼球《がんきゅう》や臓器《ぞうき》のない
遺体《いたい》で見つかった
子もいます

都市部《とし ぶ》には
臓器移植《ぞうきいしょく》の
専門病院《せんもんびょういん》があり
海外から
移植ツーリストも
受け入れています
実際《じっさい》に中国の
大手航空会社《おおてこうくうがいしゃ》が
年間500個の
臓器を運んだ記録《きろく》も
実績《じっせき》として
発表《はっぴょう》しました
中には
ハラル臓器
(酒や豚肉《ぶたにく》を摂取《せっしゅ》
していない臓器)
専門病院の
広告《こうこく》もあります
私たち
ウイグル人の
多くは
宗教上《しゅうきょうじょう》
豚肉や酒を
口にしません
だから
私は
心から心配
してしまうのです

２０１８年
私は弟を救《すく》うため
証言《しょうげん》ビデオを
作成《さくせい》しました
Free
Uyghur
でも
それが原因《げんいん》で
私は「国家転覆罪《こっかてんぷくざい》」
に問《と》われ
連帯責任《れんたいせきにん》として
かわりに
母と姉が
尋問《じんもん》を受けた
そうです
その後
実家との連絡は
完全に遮断《しゃだん》されて
しまいました
私の
行いは
間違っていたのかも
しれない
私のせいで
家族が酷い目に
あっているのではと

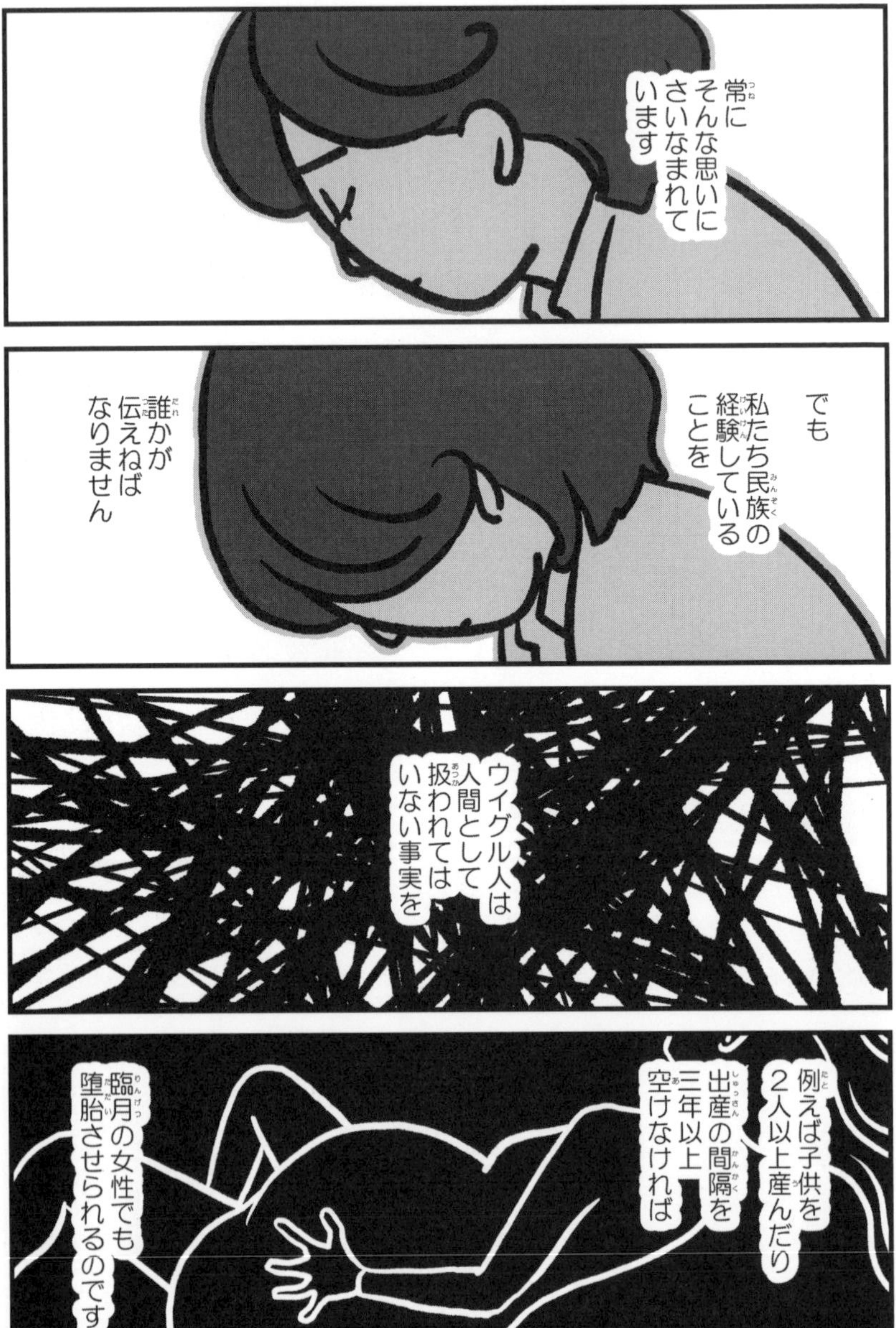
常《つね》に
そんな思いに
さいなまれて
います
でも
私たち民族《みんぞく》の
経験《けいけん》している
ことを
誰《だれ》かが
伝《つた》えねば
なりません
ウイグル人は
人間として
扱《あつか》われては
いない事実を
例《たと》えば子供を
2人以上産《う》んだり
出産《しゅっさん》の間隔《かんかく》を
三年以上
空《あ》けなければ
臨月《りんげつ》の女性でも
堕胎《だたい》させられるのです

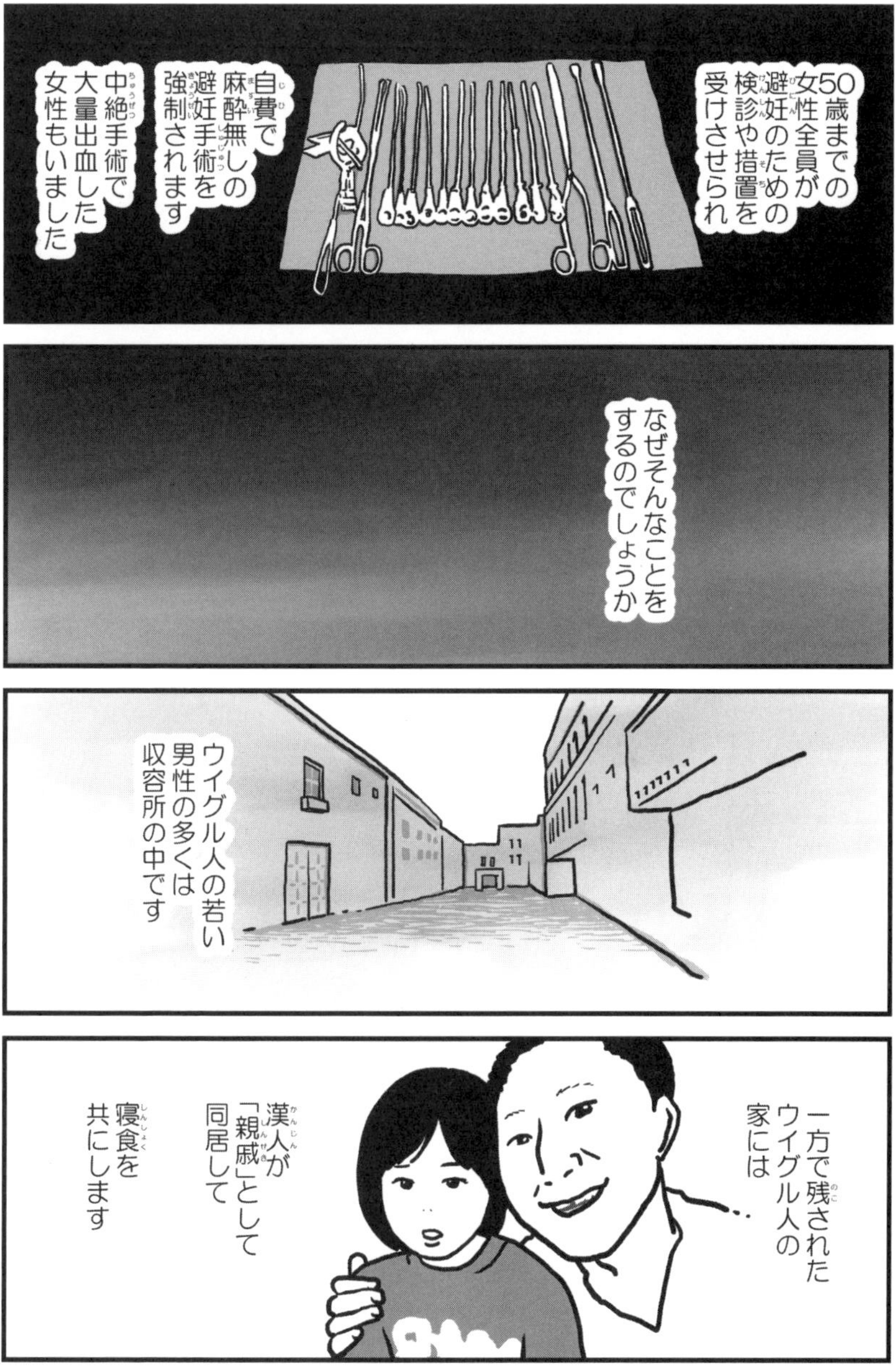
50歳までの
女性全員が
避妊《ひにん》のための
検診《けんしん》や措置《そち》を
受けさせられ
自費《じひ》で
麻酔《ますい》無しの
避妊手術《ひにんしゅじゅつ》を
強制《きょうせい》されます
中絶《ちゅうぜつ》手術で
大量出血した
女性もいました
なぜそんなことを
するのでしょうか
ウイグル人の若い
男性の多くは
収容所の中です
一方で残《のこ》された
ウイグル人の
家には
漢人《かんじん》が
「親戚《しんせき》」として
同居して
寝食《しんしょく》を
共にします

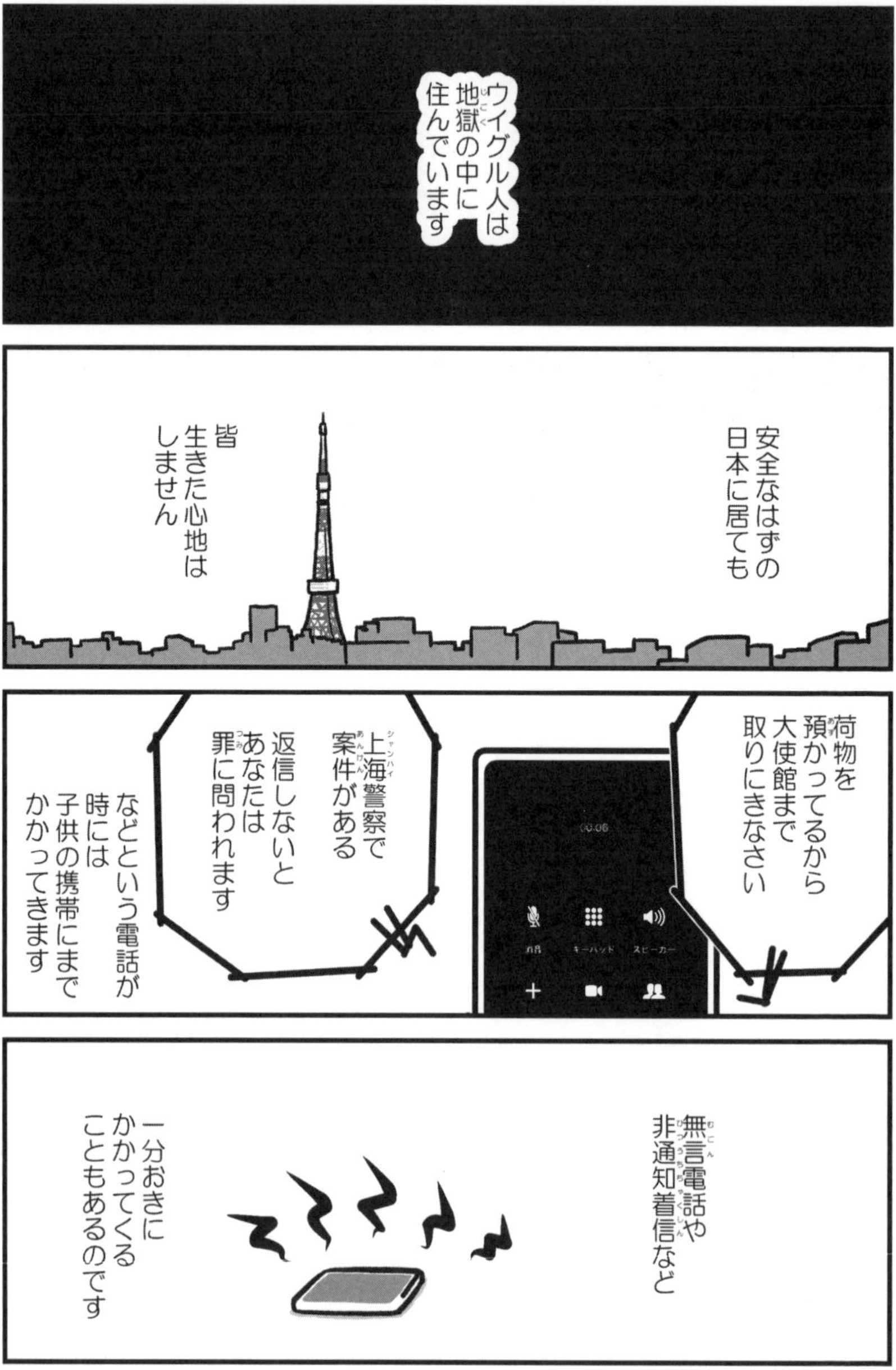
ウイグル人は地獄《じごく》の中に住んでいます
安全なはずの日本に居ても
皆 生きた心地はしません
荷物を預《あず》かってるから大使館まで取りにきなさい
上海《シャンハイ》警察で案件《あんけん》がある返信しないとあなたは罪《つみ》に問われます
などという電話が時には子供の携帯にまでかかってきます
無言《むごん》電話や非通知着信《ひつうちちゃくしん》など
一分おきにかかってくることもあるのです

私は
日本に住んで
15年が経《た》ちました
今の日本は
昔のウイグルと
似ています
日本人は
皆
とても
優しい

私たちも
ここは君らウイグル人の土地だからあなたがたに任《まか》せる
私たちは協力するだけだ
経済的《けいざいてき》に豊かになったらすぐ出ていく
とても友好的《ゆうこうてき》できれいなことをたくさん言われ役人は信じましたが
結果《けっか》それらは全部嘘《うそ》で侵略《しんりゃく》のための罠《わな》でした
そしてたくさんの漢人が私たちの土地に入って来続け
いつのまにかウイグル人の人口と同じくらいになって
良い仕事のほとんどは漢人が占《し》めるようになっていった頃

彼らは
態度《たいど》を豹変《ひょうへん》
させましたが
その時は
既《すで》に
手遅《ておく》れでした
人口が
逆転《ぎゃくてん》したら
いくら
私達が
正しいことを
言っても
もう
それは
通じない
のです

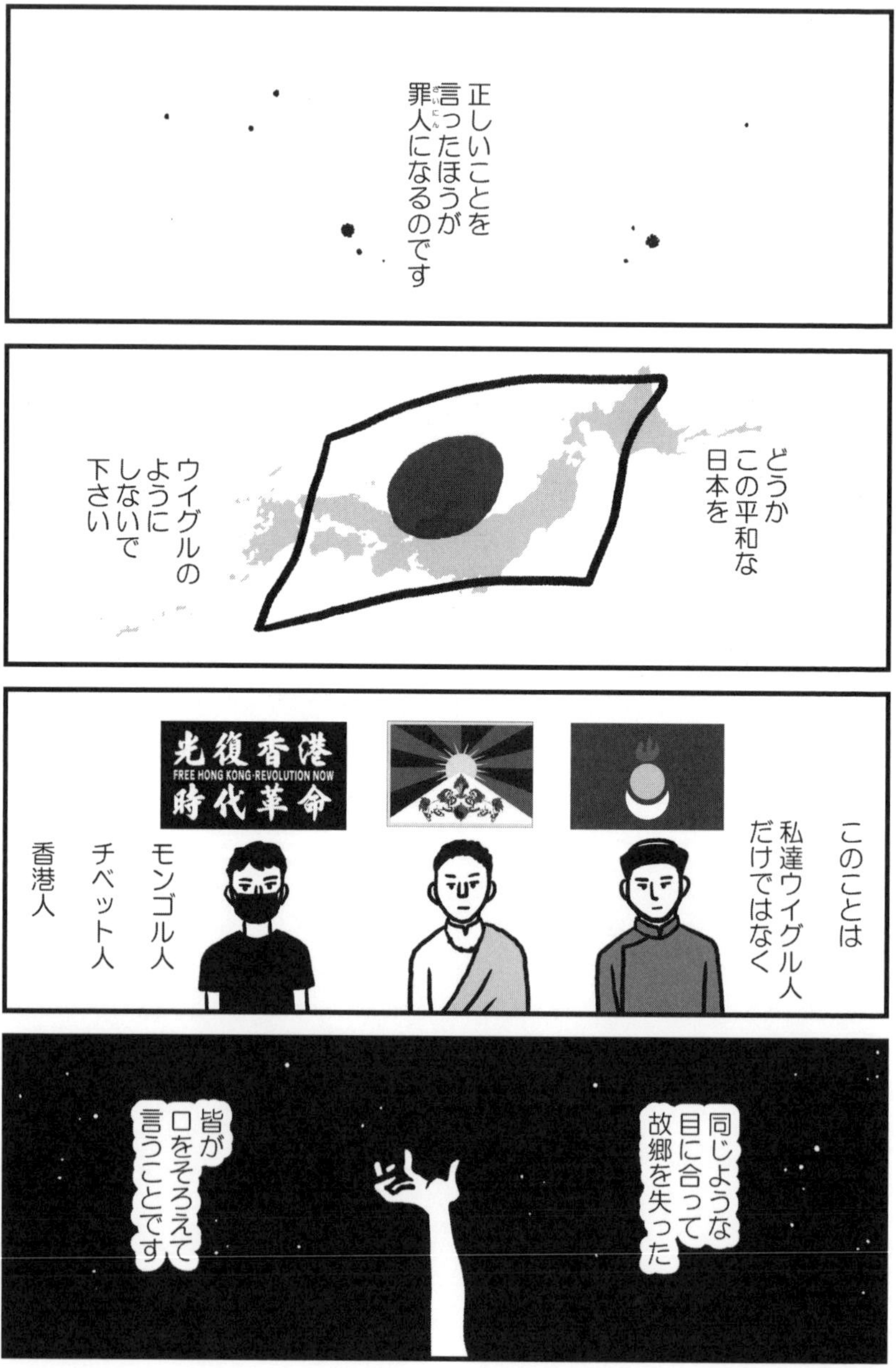
正しいことを
言ったほうが
罪人《ざいにん》になるのです
どうか
この平和な
日本を
ウイグルの
ように
しないで
下さい
このことは
私達ウイグル人
だけではなく
光復香港
FREE HONG KONG·REVOLUTION NOW
時代革命
モンゴル人
チベット人
香港人
同じような
目に合って
故郷を失った
皆が
口をそろえて
言うことです

中国による
どうか皆様《みなさま》
私たちのことを『ウイグル族《ぞく》』と呼ばないでください
私たちは少数民族ではありません
ウイグル族と呼ぶことは私たちを少数民族と印象《いんしょう》付けたい中国共産党の思惑《おもわく》に乗せられているのです
私たちは
ウイグル人です

中国による
ウイグ
強制収容
そして今
世界中の商品の工場が中国にあります
ハイブランドから日用品
ありえないくらい安く販売されている商品
そこでは多くのウイグル人もほぼ強制的に連れてこられ
奴隷《どれい》のような苛酷《かこく》な環境《かんきょう》で働いていることも多いのです
私は中国の商品は絶対《ぜったい》に買《か》いません

なぜウイグル人がここまで不幸《ふこう》な目に遭《あ》っているのか
すべての原因《げんいん》はウイグルが中国共産党の植民地《しょくみんち》で支配《しはい》下にあるからです
この不幸《ふこう》を終わらせるには
私は国を再建《さいけん》するしかないと思っています
…
日本企業《きぎょう》の皆様
世界中の企業の皆様

いつか
私たちの祖国《そこく》
東トルキスタンを再建することが出来たら
その時はぜひウイグルに会社や工場を
作ってくださいませんか

「ウイグル人は真面目《まじめ》で
働き者です
どうかよろしく
お願《ねが》い致《いた》します
パチ
パチ
パチ
私は父が亡《な》くなったことも知ることが出来ませんでした

病気のお母さん
お兄さんお姉さん
収容所にいる弟のアスカル
いまだ誰の消息《しょうそく》も掴《つか》めないままです
だから私は証言します
私の名は
グリスタンエズズ
Gulistan Aziz

お願いします

ウイグル人の身に
起きていることを
知って下さい

そして
それを基《もと》に
皆様の国や
未来を守るためにも
行動して
いただけることを
願っています

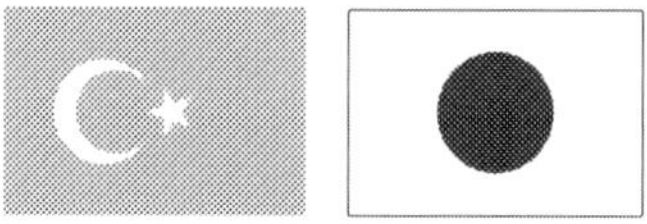

参考・出典

http://smgnet.org/2020-7-8-conf-report/
https://www.facebook.com/watch/?v=704449203724052
https://youtu.be/E5cyJ9SMMus
https://youtu.be/t1hZTlmNCi0
https://youtu.be/UyuxlOu0qOU

証言者
グリスタン エズズ
Gulistan Aziz

著者
清水ともみ
Shimizu Tomomi
（@swim_shu）

2020.09.29

「中国の嘘を無邪気に信じてしまう」

第一章（五十三頁）でも触れているが、アメリカのペンス副大統領（当時）は、二〇一八年十月の講演で、ウイグル問題で中国を厳しく批判した。

「新疆ウイグル自治区では、共産党が政府の収容所百万人ものイスラム教徒のウイグル人を投獄し、24時間体制で思想改造を行っています。その収容所の生存者たちは自らの体験を、中国政府がウイグル文化を破壊し、イスラム教徒の信仰を根絶しようとする意図的な試みだったと説明しています」

そして、『1984』『動物農場』の著者として知られる英国の作家ジョージ・オーウェルを引き合いに、中国の管理社会化を批判した。

そのオーウェルは「『動物農場』ウクライナ版への序文」でこう述べている。

「（イギリスでは）公式のニュースも統計もたいていは信用でき、大切なのは少数意見をいだいてこれを口に出してもけっして生命を脅かされたりはしない国だ。こんな世界に住んでいる一般の人々には、強制収容所だとか、大量国外追放だとか、裁判もなく拘留されるとか、新聞の検閲などといったことはほんとうに理解できはしない。ソヴィエトのような国について書かれていることも自動的にイギリスの世界に置き換えて考えてしまうものだから、全体主義体制の宣伝の嘘も無邪気に信じてしまう。大部分のイギリス人にはドイツのナチス体制の本性を見きわめることができなかったが、ソヴィエトの体制についても、あいかわらずほぼ同じ幻想をいだいている」

このオーウェルの文中の「ソヴィエト」を「中国」に、「イギリス」を「日本」に置き換えれば、「中国共産党の嘘を無邪気に信じてしまう」現在の日本にも当てはまるのではないか（編集部）。

第三章　「強制収容所」を生き延びて……

私は
カザフスタン国籍《こくせき》の
ウイグル人です
子供を三人
育て上げ
トルコに
住んでいます
カザフスタンと
ウイグル自治区《じちく》を
行き来し
雑貨《ざっか》を売る商売を
営《いとな》んでいました
2017年5月
友人の娘から
緊急事態《きんきゅうじたい》だから
すぐウルムチに
来てほしいと
呼び出されました
急いで
深夜バスと
タクシーを
乗り継《つ》ぎ
やっとの思いで
ホテルに
到着《とうちゃく》した途端《とたん》

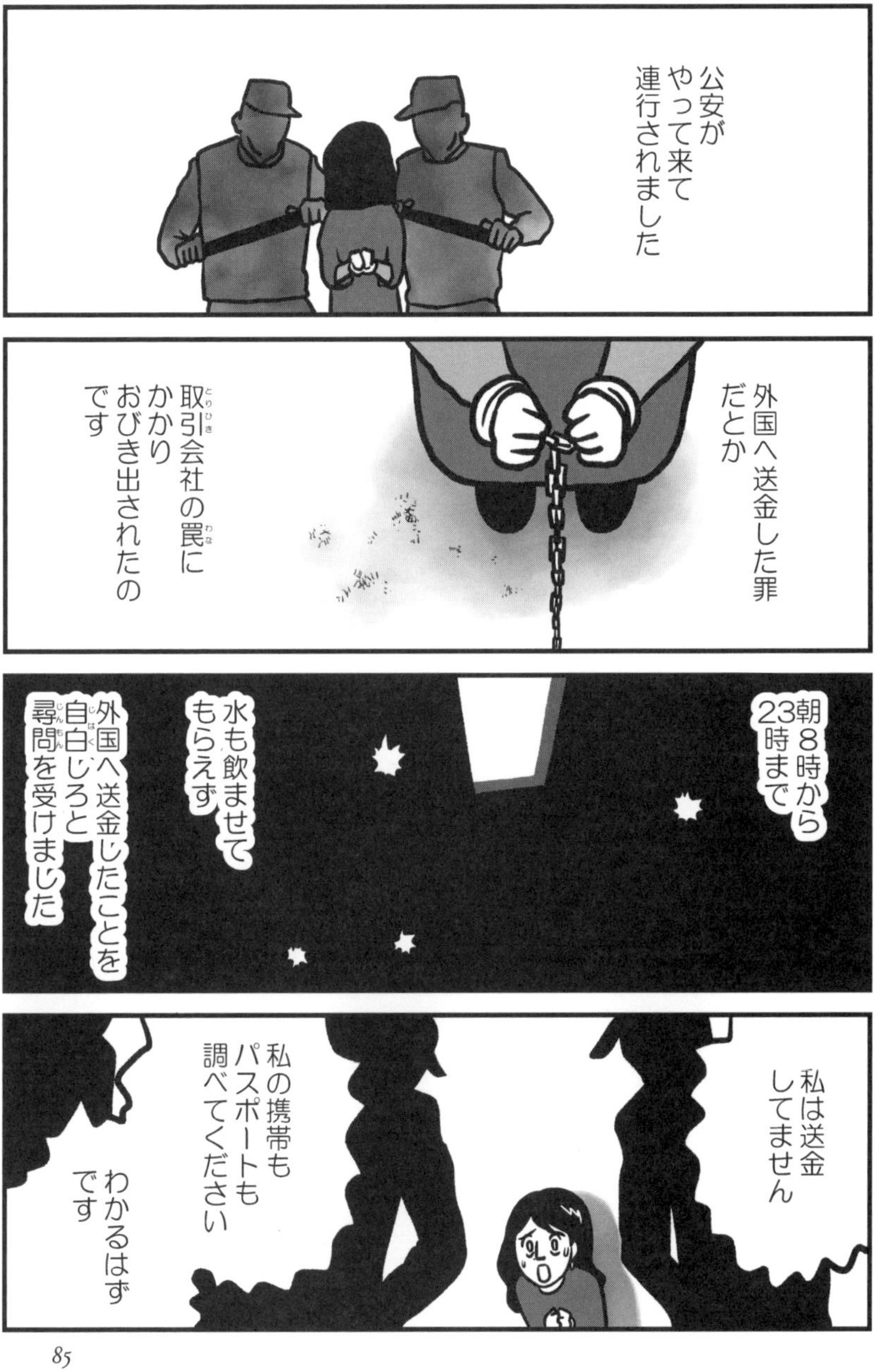
公安が
やって来て
連行されました
外国へ送金した罪
だとか
取引《とりひき》会社の罠《わな》に
かかり
おびき出されたの
です
朝8時から
23時まで
水も飲ませて
もらえず
外国へ送金したことを
自白《じはく》しろと
尋問《じんもん》を受けました
私は送金
してません
私の携帯も
パスポートも
調べてください
わかるはず
です

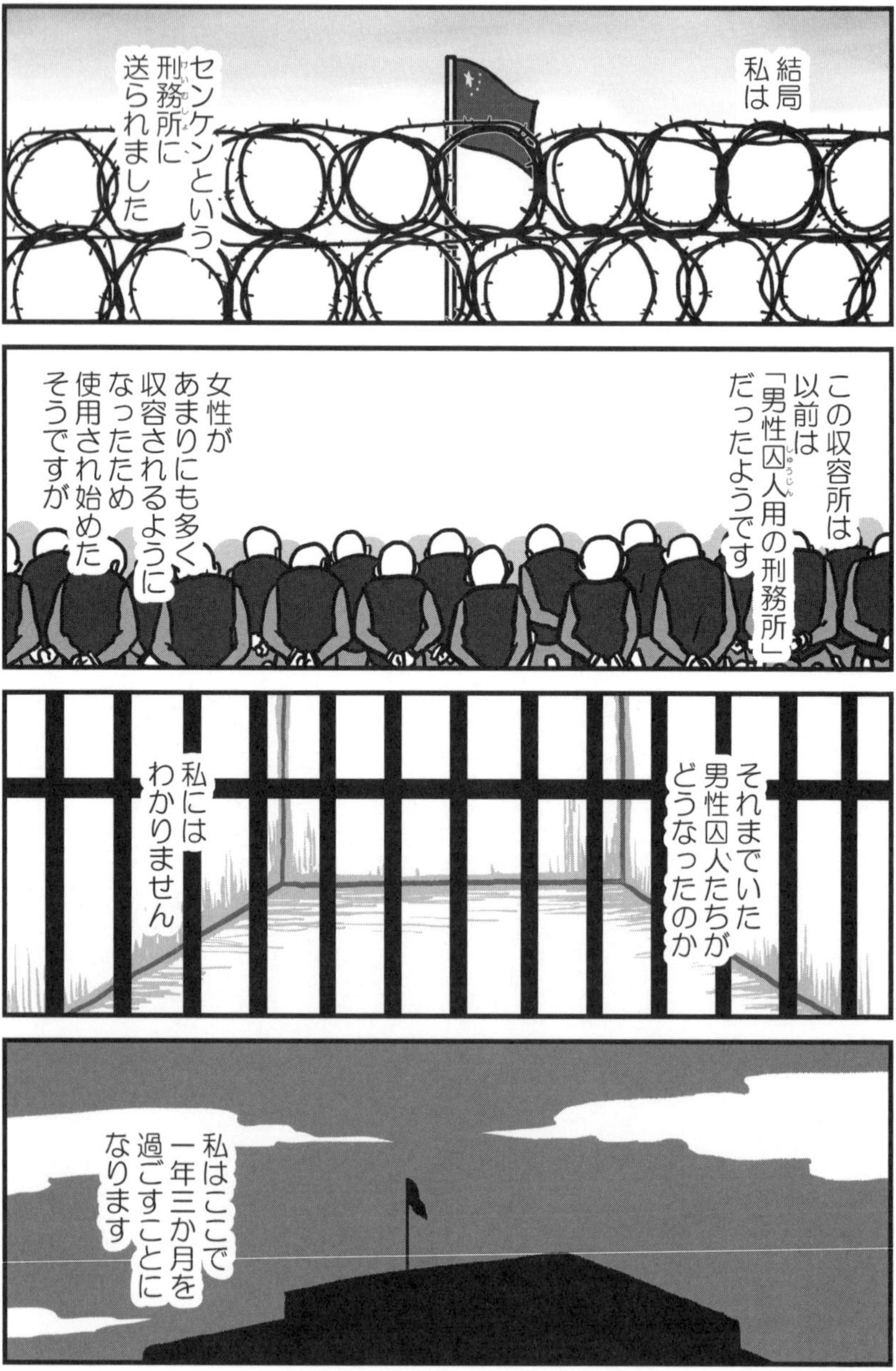

結局
私は
センケンという
刑務所《けいむしょ》に
送られました
この収容所は
以前は
「男性囚人《しゅうじん》用の刑務所」
だったようです
女性が
あまりにも多く
収容されるように
なったため
使用され始めた
そうですが
それまでいた
男性囚人たちが
どうなったのか
私には
わかりません
私はここで
一年三か月を
過ごすことに
なります

牢屋《ろうや》の高さは6メートルくらいで長さ7メートル幅は3メートルくらい
1.5メートルガラス張りのトイレ
そこに20～30人時には40人以上が押し込められていました
同時に寝る場所はないので
小さい子を優先して二時間ずつ交代で寝ます
立っている人は喧嘩《けんか》が起きないように監視《かんし》役もします
部屋の上部にはテレビがあり
習主席の演説《えんぜつ》が流されていました
支給《しきゅう》されるのは囚人服一枚だけでした

頭はシラミが
湧《わ》いたので
丸坊主《まるぼうず》にされ
全員が皮膚病《ひふびょう》に
なっていました
収容者は
一番若くて14歳
上は80歳くらいで
中には
ウズベキスタン人や
タタール人も
いました
私たちは
朝から15時間
座《すわ》りっぱなしの
罰《ばつ》を受けます
時々
全裸《ぜんら》でおかしな恰好《かっこう》を
させられ
屈辱的《くつじょくてき》な
検査《けんさ》を受けました
泣くと罰を受けます
取り調べに
連れていかれる時は
必ず目隠《めかく》しを
させられ
多くの女の子は
二度と戻って
きませんでした

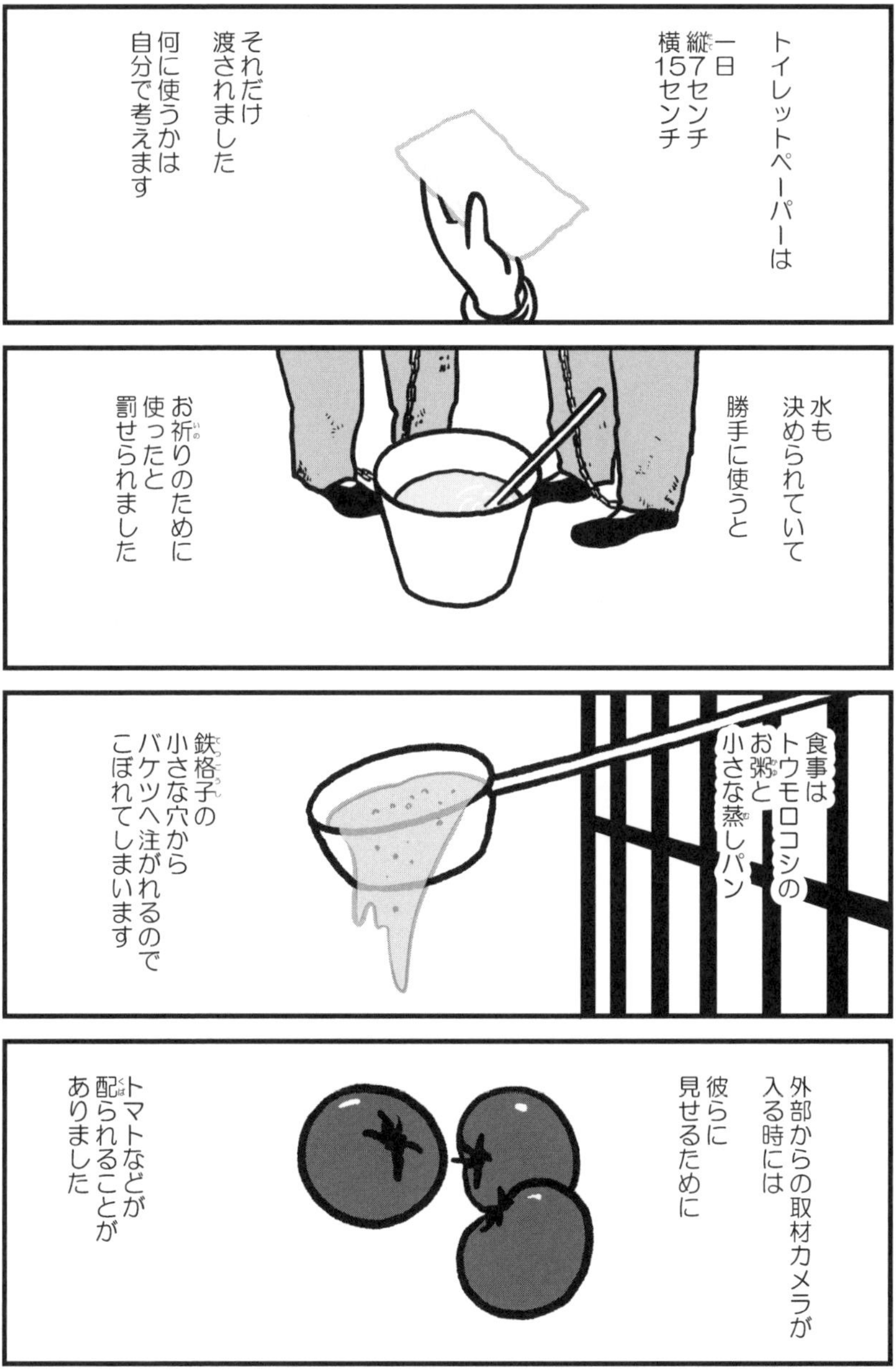
トイレットペーパーは
一日
縦《たて》157センチ
横157センチ
それだけ
渡されました
何に使うかは
自分で考えます
水も
決められていて
勝手に使うと
お祈《いの》りのために
使ったと
罰せられました
食事は
トウモロコシの
お粥《かゆ》と
小さな蒸《む》しパン
鉄格子《てつごうし》の
小さな穴から
バケツへ注がれるので
こぼれてしまいます
外部からの取材カメラが
入る時には
彼らに
見せるために
トマトなどが
配《くば》られることが
ありました

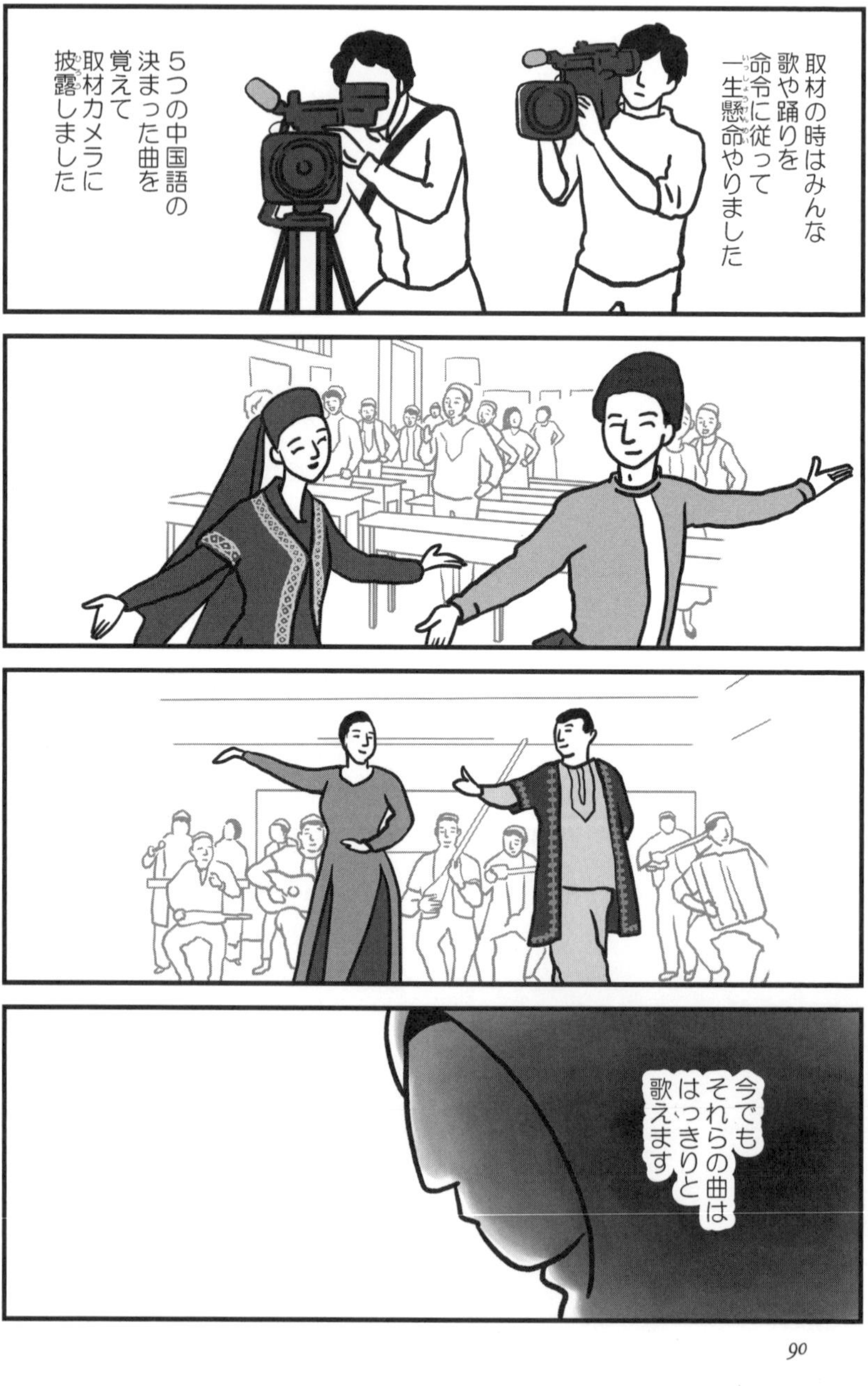
取材の時はみんな歌や踊りを命令に従って一生懸命《いっしょうけんめい》やりました
5つの中国語の決まった曲を覚えて取材カメラに披露《ひろう》しました
今でもそれらの曲ははっきりと歌えます

年寄りなどのなかなか覚《おぼ》えられない人に対しても職員《しょくいん》たちは
あなたたちに偉大《いだい》な共産党が
どうしてタダで飯《めし》を食わせていると思う?
早く覚えなさい
でなきゃここから出られないよ
ここに1~2年居れば自由になれると思ってるのか?
ここから出られたとしてもあなたたちは必《かなら》ずまた中国語の訓練《くんれん》に行くんだ
これからの社会は中国語が出来ないと生きていけない時代になる
だからここでおとなしく勉強しろ!
と言っていました

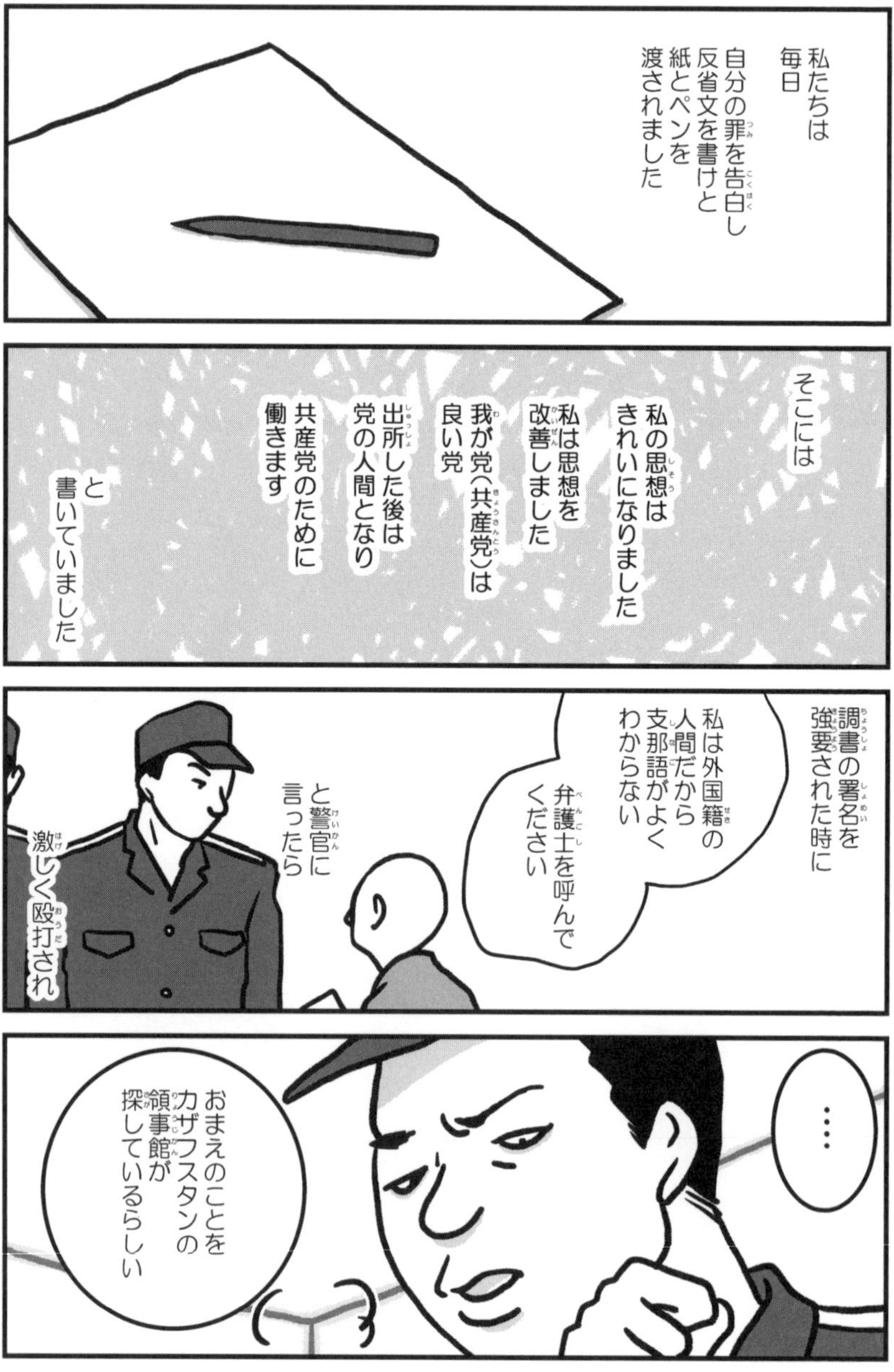
私たちは
毎日
自分の罪《つみ》を告白《こくはく》し
反省文を書けと
紙とペンを
渡されました
そこには
私の思想《しそう》は
きれいになりました
私は思想を
改善《かいぜん》しました
我《わ》が党（共産党《きょうさんとう》）は
良い党
出所《しゅっしょ》した後は
党の人間となり
共産党のために
働きます
と
書いていました
調書《ちょうしょ》の署名《しょめい》を
強要《きょうよう》された時に
私は外国籍《せき》の
人間だから
支那語《しなご》がよく
わからない
弁護士《べんごし》を呼んで
ください
と警官《けいかん》に
言ったら
激《はげ》しく殴打《おうだ》され
……
おまえのことを
カザフスタンの
領事館《りょうじかん》が
探《さが》しているらしい

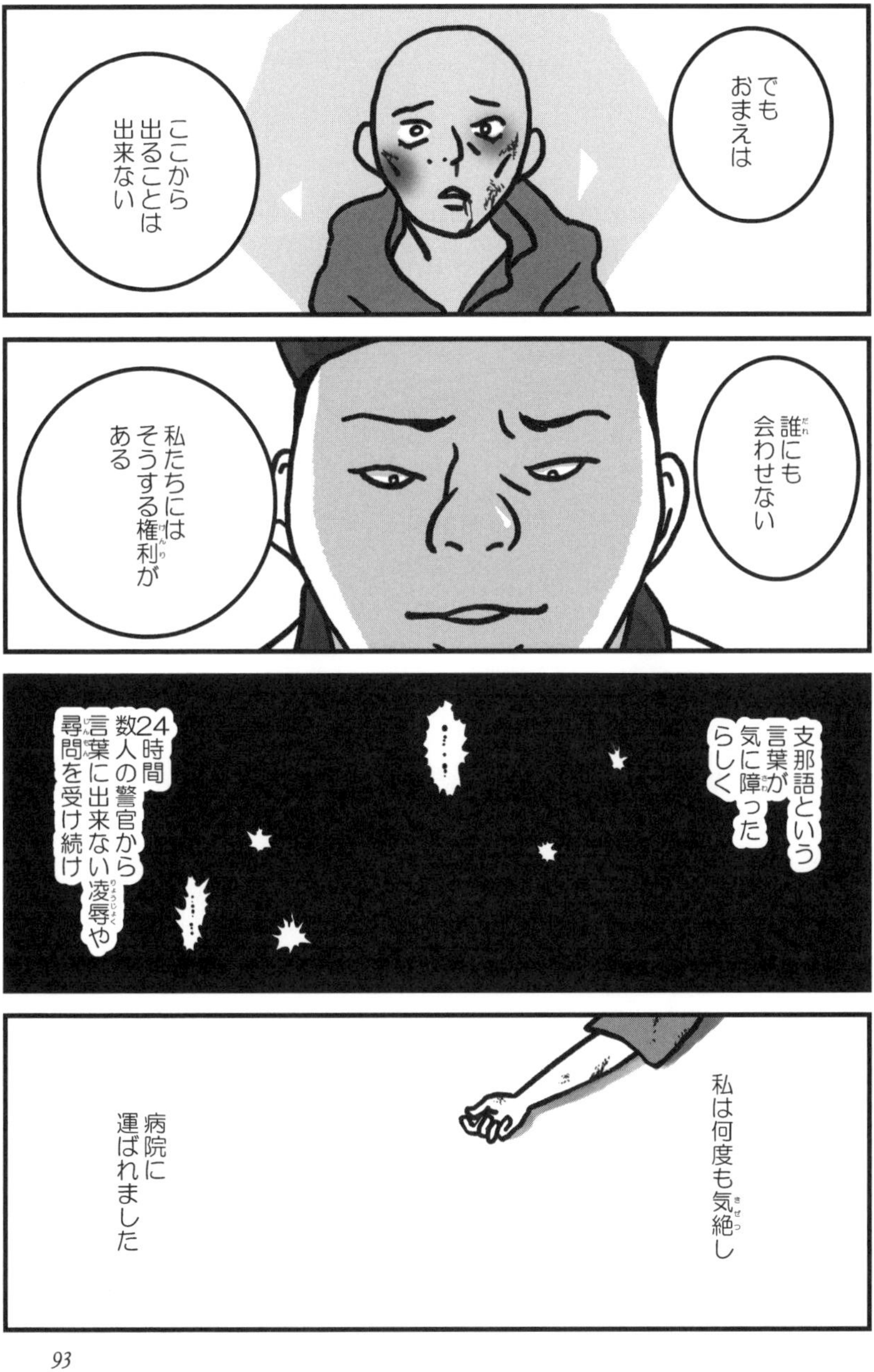
でもおまえは
ここから出ることは出来ない
誰《だれ》にも会わせない
私たちにはそうする権利《けんり》がある
支那語という言葉が気に障《さわ》ったらしく
24時間数人の警官から言葉に出来ない凌辱《りょうじょく》や尋問《じんもん》を受け続け
私は何度も気絶《きぜつ》し
病院に運ばれました

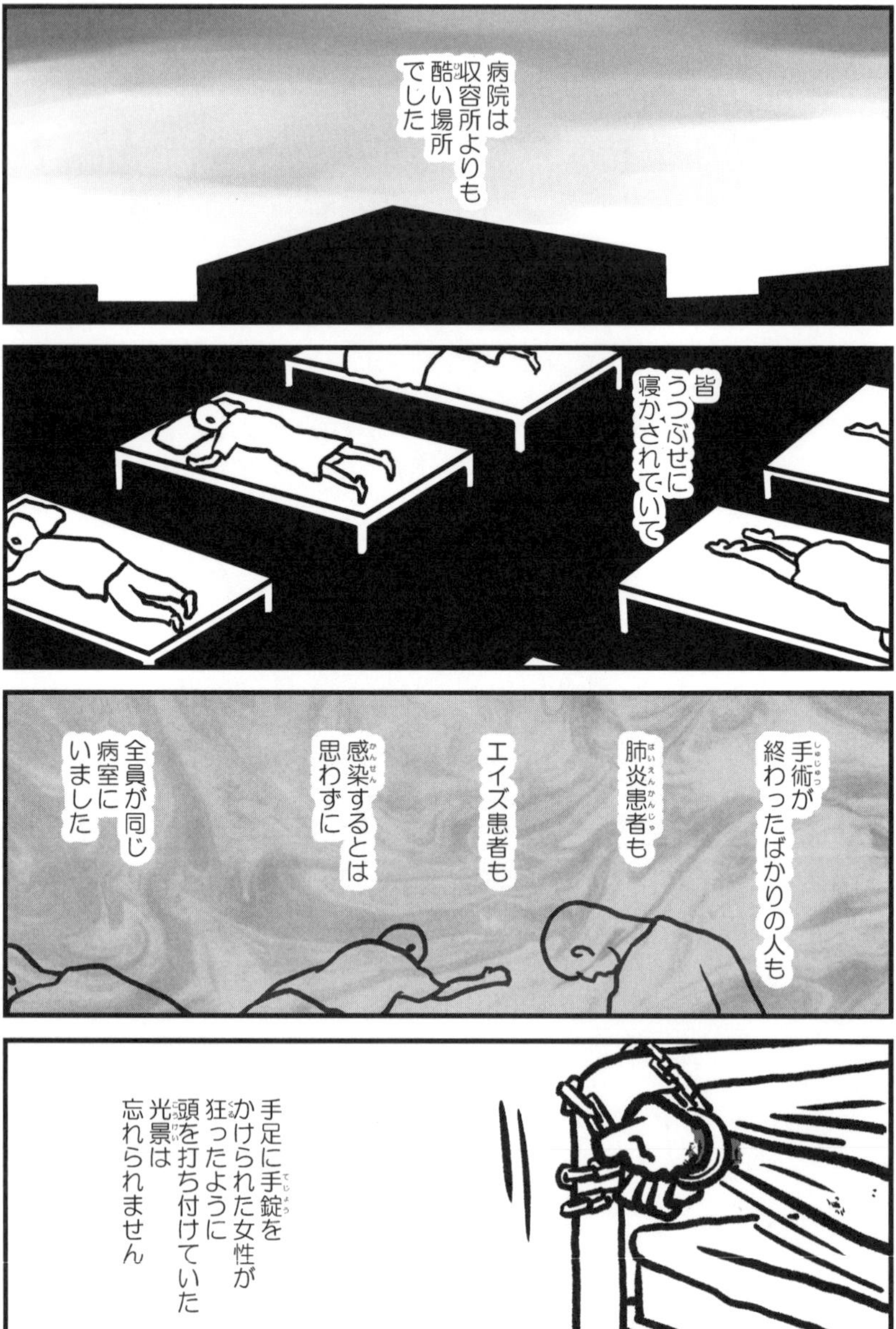
病院は収容所よりも酷《ひど》い場所でした
皆うつぶせに寝かされていて
手術《しゅじゅつ》が終わったばかりの人も
肺炎患者《はいえんかんじゃ》も
エイズ患者も
感染《かんせん》するとは思わずに
全員が同じ病室にいました
手足に手錠《てじょう》をかけられた女性が狂《くる》ったように頭を打ち付けていた光景《こうけい》は忘れられません

扉《とびら》は鉄製《てっせい》で
逃げられるはずもないのに
銃《じゅう》を持った武装警官《ぶそうけいかん》がたくさんいました
医師はウイグル人でしたが
ウイグル語で話すことはできません
背後《はいご》にはいつも複数《ふくすう》の武装警官が見張っていました
私たちは誰も罪など犯していません

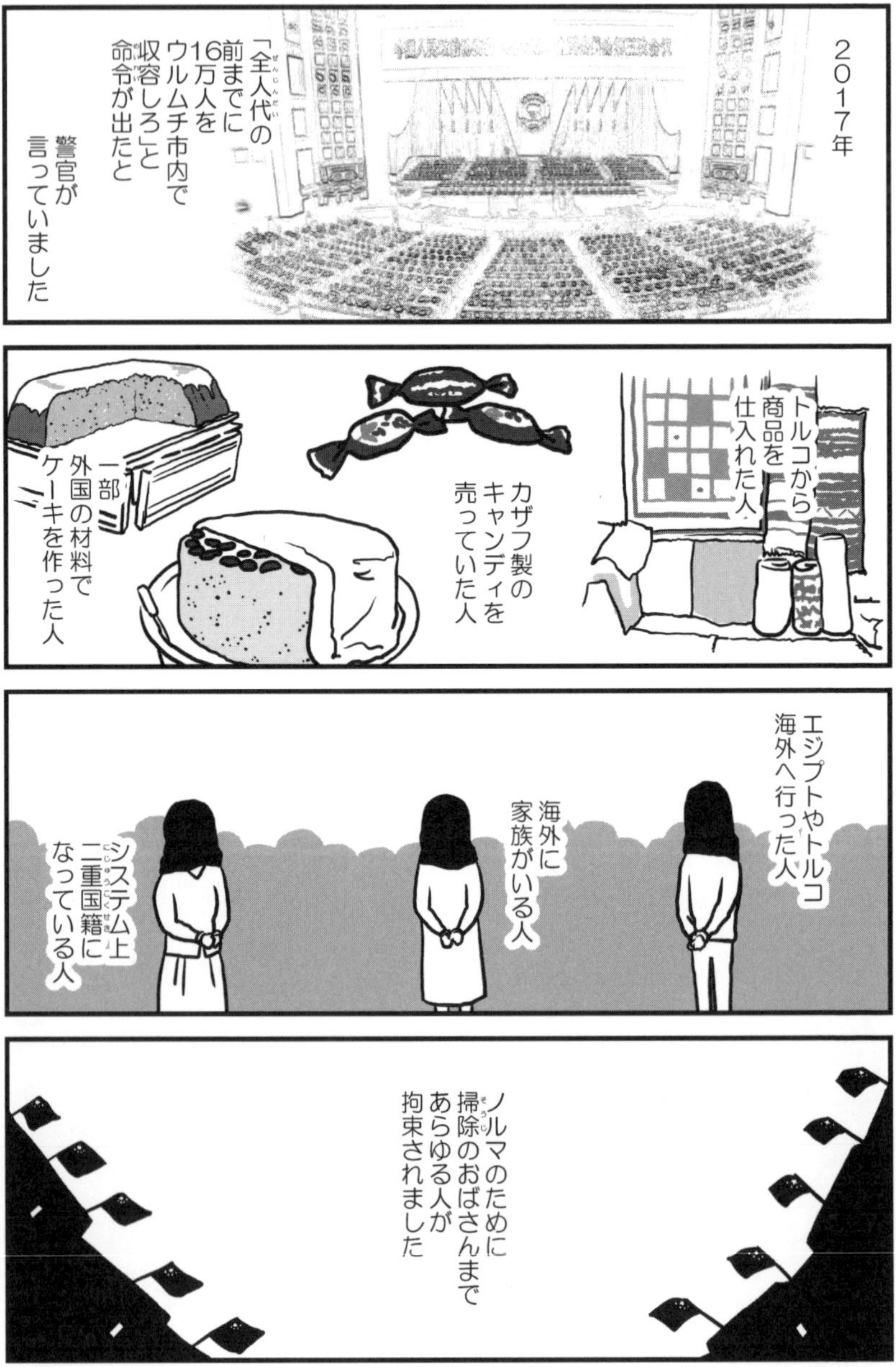
2017年
「全人代《ぜんじんだい》の前までに16万人をウルムチ市内で収容しろ」と命令《めいれい》が出たと
警官が言っていました
トルコから商品を仕入れた人
カザフ製のキャンディを売っていた人
一部外国の材料でケーキを作った人
エジプトやトルコ海外へ行った人
海外に家族がいる人
システム上二重国籍《にじゅうこくせき》になっている人
ノルマのために掃除《そうじ》のおばさんまであらゆる人が拘束されました

いくつか私が見た人の話をします
収容所には作家や弁護士教授《きょうじゅ》、芸能人など有名な人も多く逮捕されていました
歌手の女性がいて2、3か月に一度収容所の中で歌声を披露《ひろう》してくれました
歌詞はもちろん中国語でした
中には現在36歳でありながら
16歳の時に共有した歌集に
禁止された曲があったから逮捕された人もいました
中でも最も多く逮捕されているのは
ウイグル人の女医さんたちでした

うちの
ひとりは
中国内地で学び
修士課程《しゅうしかてい》を修了し
学位《がくい》が授与《じゅよ》される
一週間前に
逮捕収監《たいほしゅうかん》され
泣き崩《くず》れていました
子供一人だけでも
勉強させようと
両親が稼《かせ》いだお金の
ほとんどを
仕送りしてくれていて
5年間勉強し
学位が取れる
直前でした
彼女の逮捕理由も
携帯電話で
何かを共有《きょうゆう》した
そんな理由です

※収容所入りリストに名前が載ったということ。

彼女自身が警官の目の前で
絞らされていました
私たちには彼らの悪意《あくい》が伝わるのです
同じような女性が
何人もいました

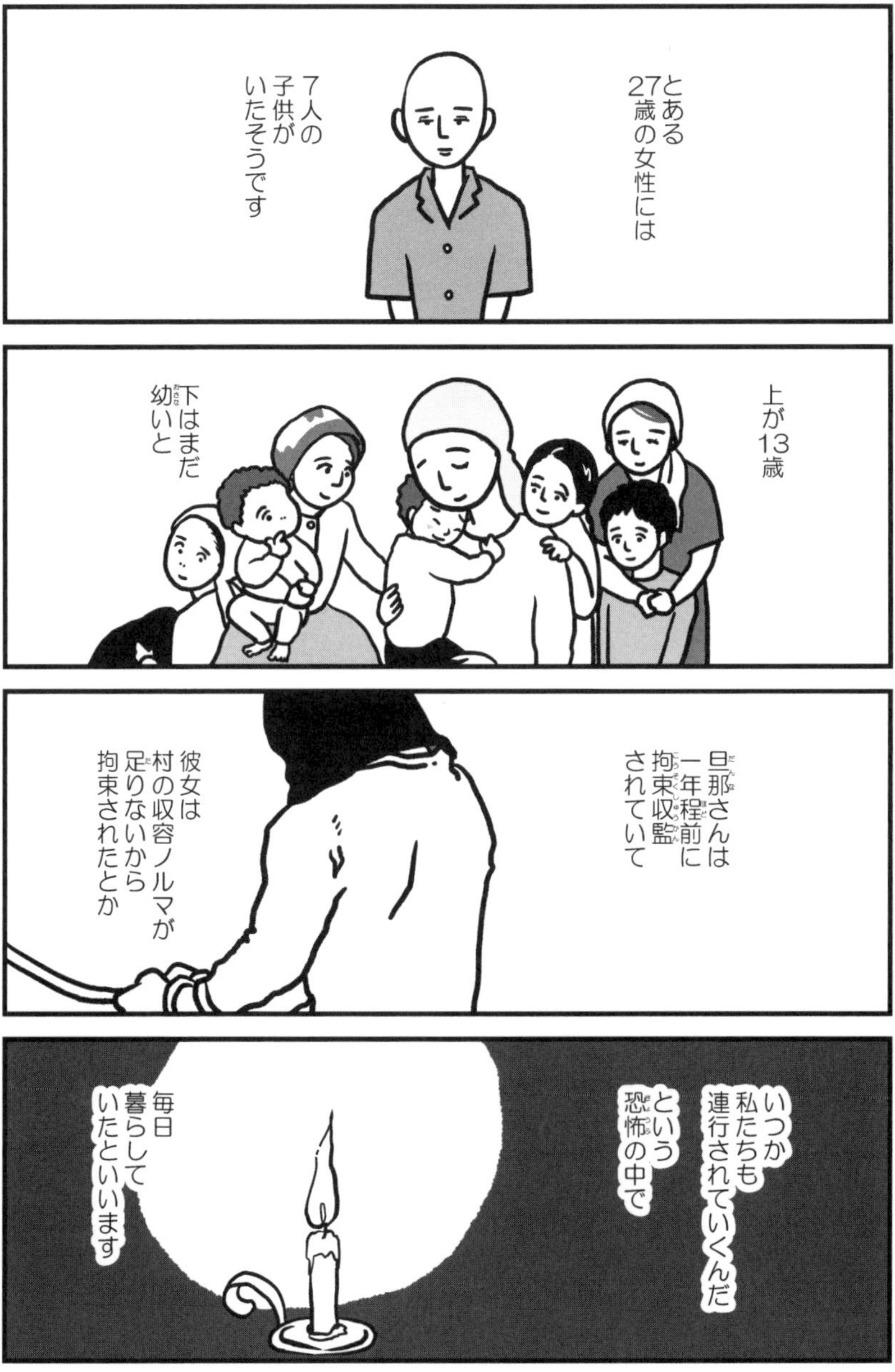
とある27歳の女性には
7人の子供がいたそうです
上が13歳
下はまだ幼《おさな》いと
旦那《だんな》さんは一年程《ほど》前に拘束収監《こうそくしゅうかん》されていて
彼女は村の収容ノルマが足《た》りないから拘束されたとか
いつか私たちも連行されていくんだ
という恐怖《きょうふ》の中で
毎日暮らしていたといいます

ついに その時が やってきました
お母さん! お母さん!
警官の 車が来たよ
ドアを 開けないで
警察《けいさつ》だ!
開けなさい!

開けたら連れていかれちゃう！
お願いだから開けないで！
開けないで！
ドアは開けないわけにはいかないのよ
ロックしたって壊《こわ》されて入ってきて
連れていかれるんだよ
どの家庭のドアもロックすることは禁止されていて
家には監視カメラが付けられていると彼女は言っていました

子供たちは
どうなるのかと
聞いたら
警官が
「わからない
見てくれる親戚《しんせき》が
いないなら
政府《せいふ》が面倒《めんどう》を見る」
と言って
いたそうです
3歳から
6歳までは
政府が見て
6歳以上は
子供の
収容所が
あると
ききました
そこでも
食事は
鉄格子《てつごうし》の
隙間《すきま》から
プレートを
差し出して
もらい
中国語の
教育が
されているそうです

警官の中には
ウイグル人が
多くいて
私たちに
厳《きび》しく接《せっ》しなければ
彼らもまた
拘束されて
しまいます
POLICE
POLICE
同胞《どうほう》に
同胞を直接
支配《しはい》させ
同胞を
憎《にく》むよう
仕向けられて
いるので
けして
彼らを
憎むことは
できません

私は何度か入院を繰《く》り返して
血圧《けつあつ》が危険《きけん》な状態《じょうたい》になりました
すると解放《かいほう》されることになり
三日間栄養剤《えいようざい》を点滴《てんてき》されある程度《ていど》回復《かいふく》したところで
髪を染《そ》め身だしなみも整《ととの》えられ
ホテルで良い食事も与えられました
領事館《りょうじかん》の人とも会わせずに飛行機《ひこうき》に乗せられ
無罪《むざい》だと釈放《しゃくほう》されました
長い間足に重い鎖《くさり》を付けられていたため
しばらくちゃんと歩けませんでした

収容所に
いた時

私が外国人であることを知っていた周《まわ》りの人は言いました
私たちはどこにもいけない
私たちはここで死ぬかもしれない

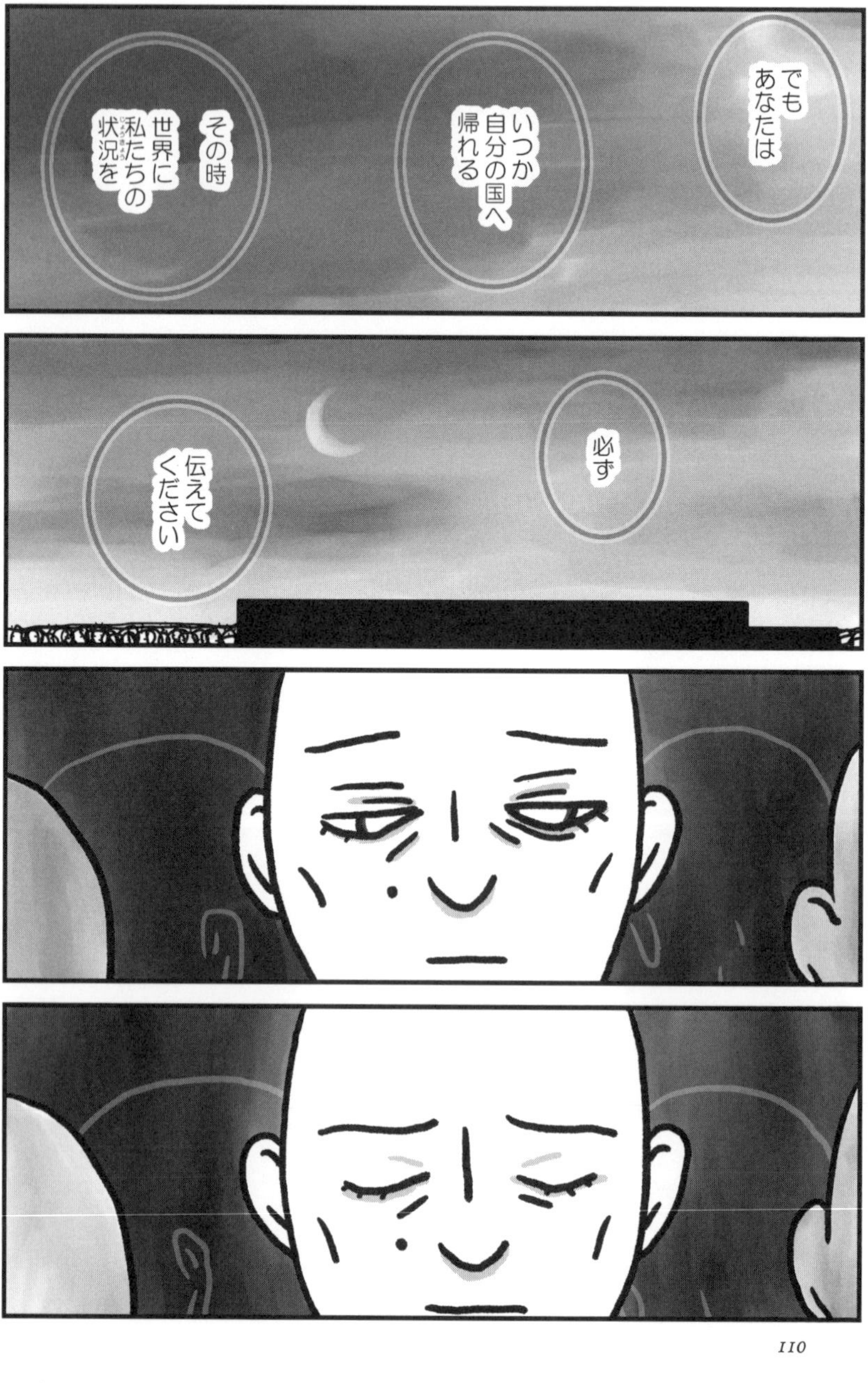
でもあなたは
いつか自分の国へ帰れる
その時世界に私たちの状況《じょうきょう》を
必ず
伝えてください

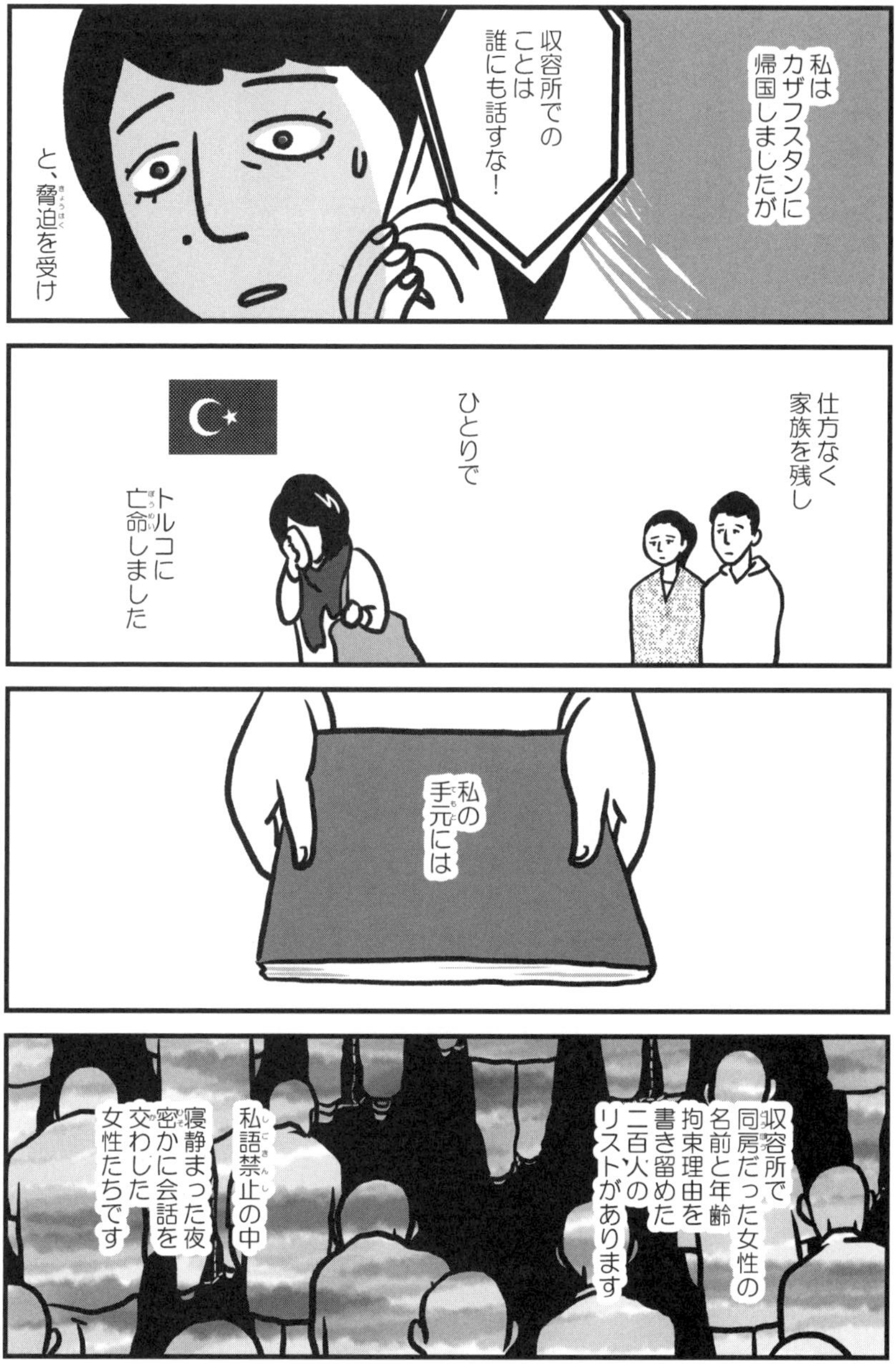
私はカザフスタンに帰国しましたが
収容所でのことは誰にも話すな！
と、脅迫《きょうはく》を受け
仕方なく家族を残し
ひとりで
トルコに亡命《ぼうめい》しました
私の手元《てもと》には
収容所で同房《どうぼう》だった女性の名前と年齢拘束理由を書き留めた二百人のリストがあります
私語禁止《しごきんし》の中寝静まった夜密《ひそ》かに会話を交《か》わした女性たちです

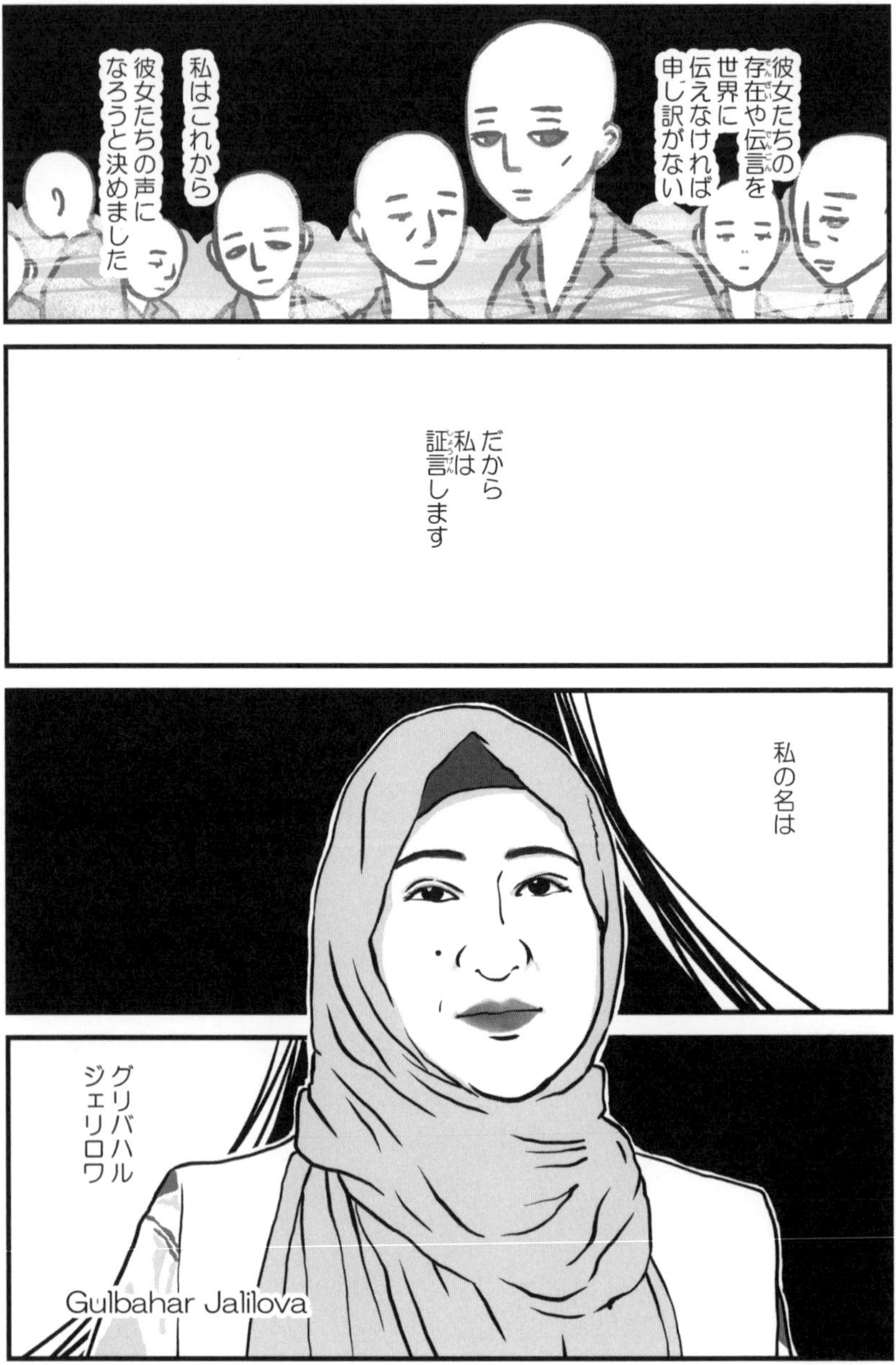
彼女たちの
存在《そんざい》や伝言《でんごん》を
世界に
伝えなければ
申し訳がない
私はこれから
彼女たちの声に
なろうと決めました
だから
私は
証言《しょうげん》します
私の名は
グリバハル
ジェリロワ
Gulbahar Jalilova

おねがいします

どうか
中国にある
強制収容所で
今も苦しみの中にいる
彼女たちについて
知ってください

この話を
全世界の方が知り
一刻《いっこく》も早く
彼女たちが
解放されることを
祈っています

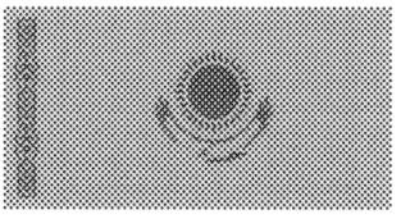

参考資料

https://www.facebook.com/tsu.org/videos/2354607261456285/
https://youtu.be/6UqDfTPPAUI
https://youtu.be/HUKCHdaYsSU
https://youtu.be/ajHvryW8OgE
https://youtu.be/5lukiK2m3pg

証言者
グリバハル・ジェリロワ
Gulbahar Jalilova

著者
清水ともみ
Shimizu Tomomi
(@swim_shu)

2020.07.08.

文革と同じ過ちを繰り返す中共

　ウイグル問題で先駆的な業績をあげている水谷尚子氏（明治大学准教授）は、『中国を追われたウイグル人 亡命者が語る政治弾圧』（文春新書・二〇〇七年刊行）を書いている。ウイグルで活躍していたものの亡命を余儀なくされたラビア・カーディル氏などの証言をもとに、血も凍る拷問と虐殺、核実験場にされるウイグル自治区、中国の人権弾圧のおそろしい実態を、生々しく伝えた本だ。水谷さんが監修している、ラビアさんの自伝『ウイグルの母ラビア・カーディル自伝　中国で一番憎まれている女性』（ランダムハウス講談社）も参考になる。

　その水谷氏は、「ニューズウィーク」（二〇一八年十月二十三日号）で、「文化大革命から既に半世紀を経ていながら、共産党は当時と同じ過ちを繰り返している。もはやジェノサイドと言っても過言ではない」と指摘していた。

　中国共産党は、ＡＩや監視機器の進歩によって、海外からの電話取材などの取材者の声紋を機械で判別し、自由世界からのものだと判断すると、自動的に電話を切断するようなこともしている。

　ジャーナリストの福島香織氏は、「カシュガル」（新疆ウイグル自治区カシュガル市)に、二〇一九年五月に訪れてもいるが、その見聞を含めた著書『ウイグル人に何が起きているのか 民族迫害の起源と現在』（ＰＨＰ新書）でも、「21世紀最悪の監獄社会」の異様な全貌、「一帯一路」という大国の欲望に翻弄されたウイグル人の悲哀を描いている。本書と共に併読をおすすめしたい（編集部）。

第四章 「習近平が大好き!」を唱和させられて

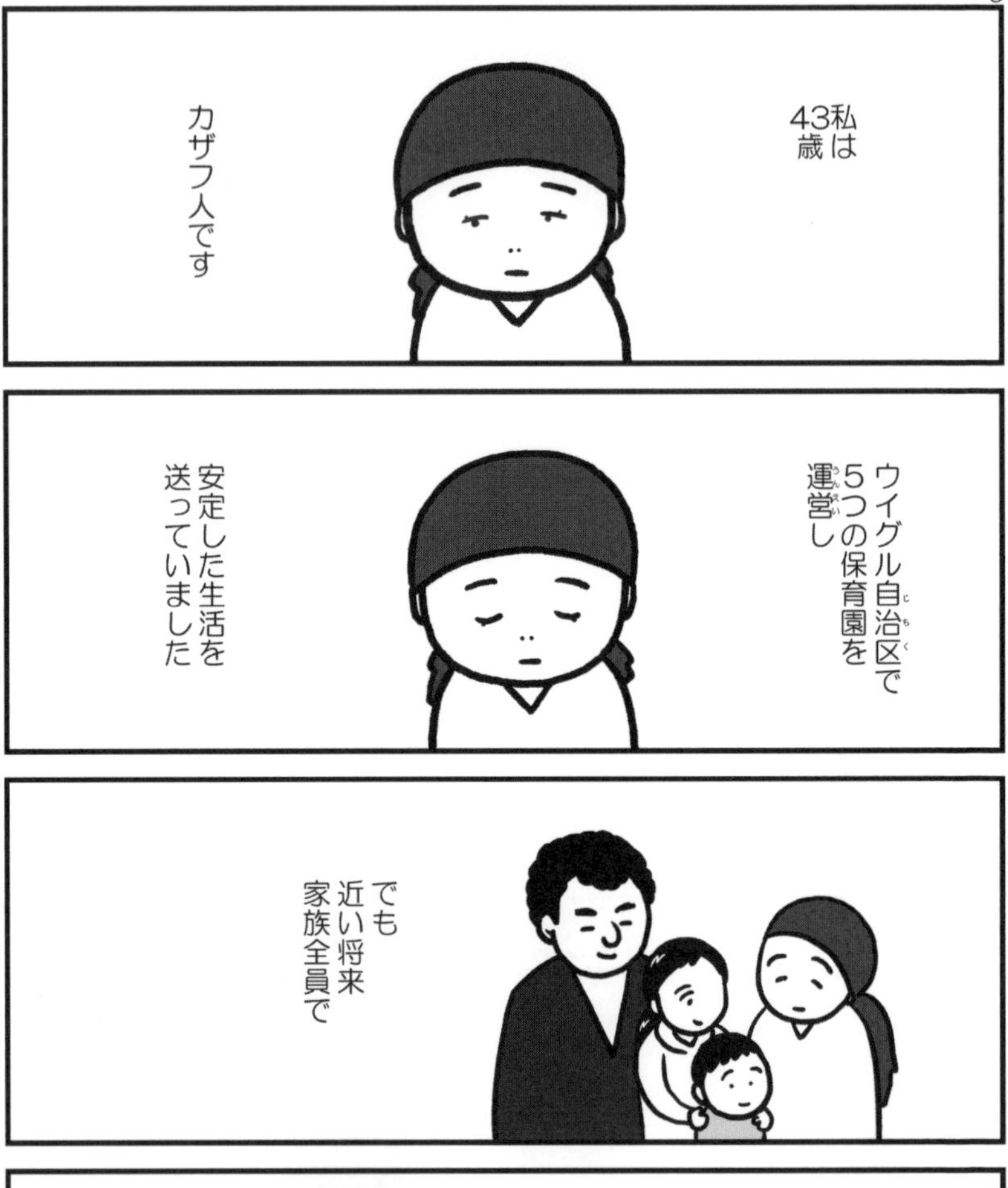
私は
43歳
カザフ人です
ウイグル自治区《じちく》で
5つの保育園を
運営《うんえい》し
安定した生活を
送っていました
でも
近い将来
家族全員で
カザフスタンに
移住《いじゅう》したいと
計画を
立てていました

2014年当局は
公務員《こうむいん》のパスポート回収《かいしゅう》を始めました
全住民からパスポートが奪《うば》われそうになったので
夫と子供たちだけ先に出国し
私にビザがおりたら
後から追いかけて出国《しゅっこく》するつもりでしたが
とうとうそんな日は
やってきませんでした

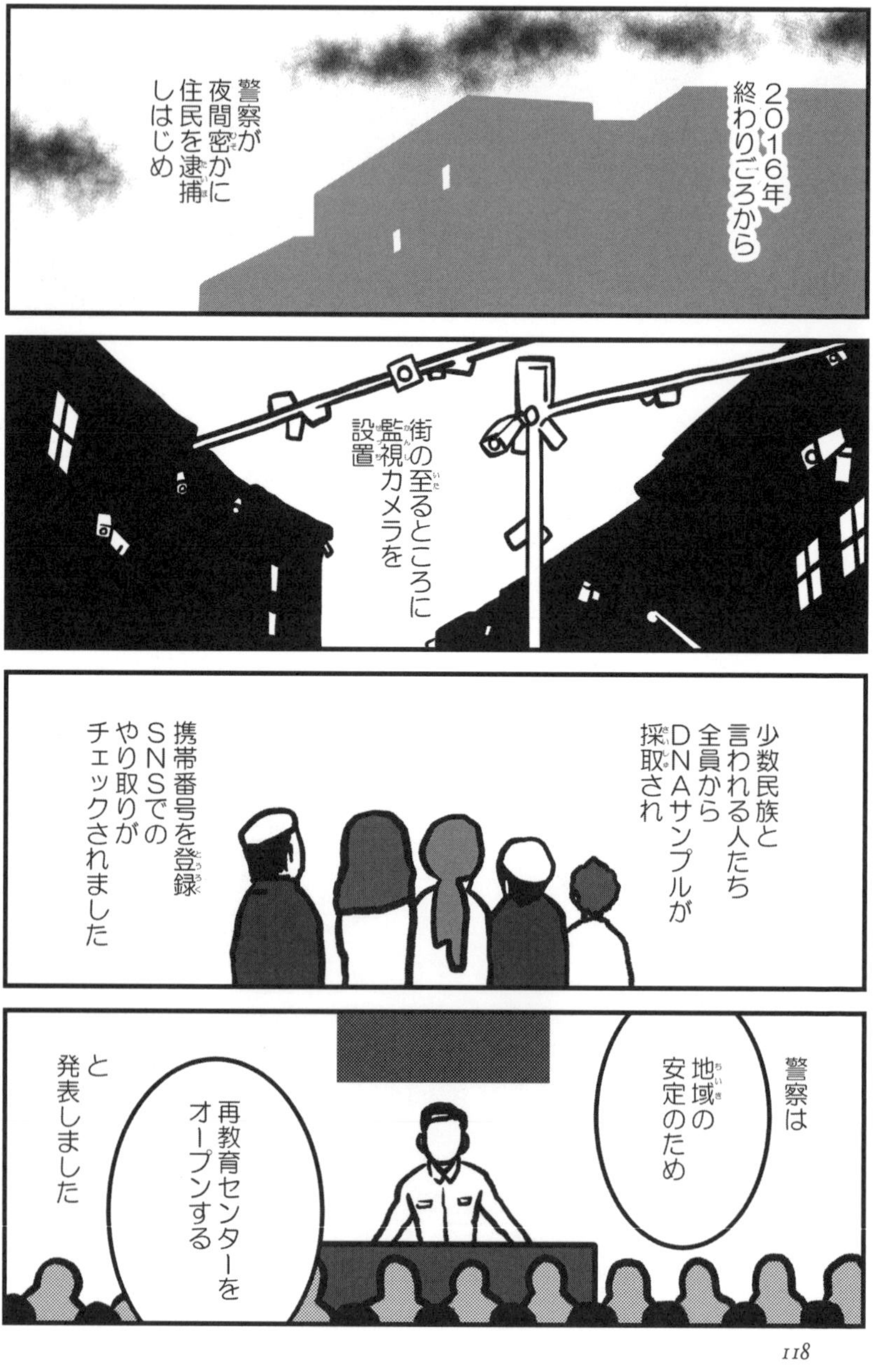
２０１６年終わりごろから
警察が夜間密《ひそ》かに住民を逮捕《たいほ》しはじめ
街の至《いた》るところに監視《かんし》カメラを設置
少数民族と言われる人たち全員からＤＮＡサンプルが採取《さいしゅ》され
携帯番号を登録《とうろく》ＳＮＳでのやり取りがチェックされました
警察は
地域《ちいき》の安定のため
再教育センターをオープンする
と発表しました

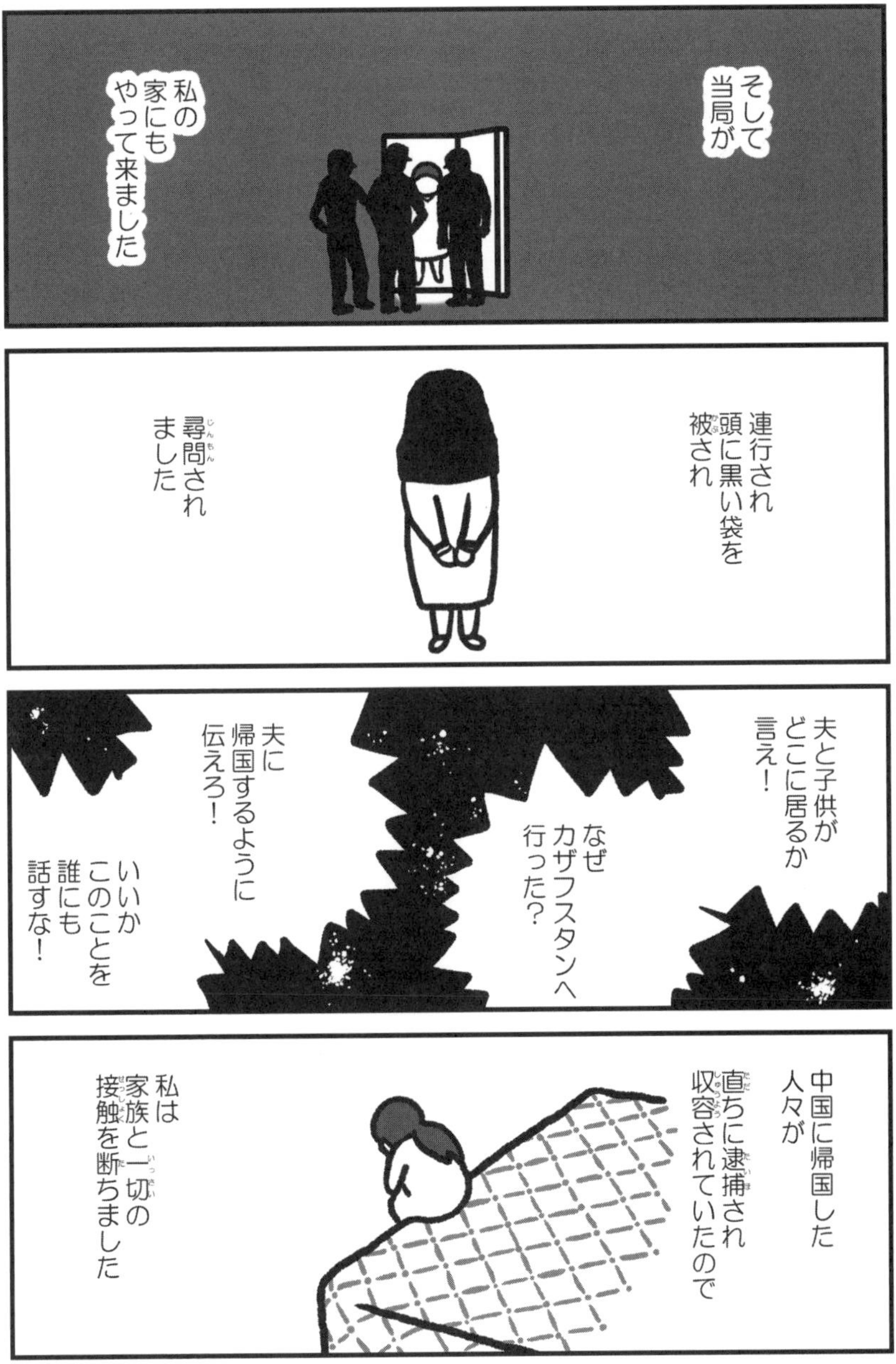
そして当局が
私の家にもやって来ました
連行され頭に黒い袋を被《かぶ》され
尋問《じんもん》されました
夫と子供がどこに居るか言え！
なぜカザフスタンへ行った？
夫に帰国するように伝えろ！
いいかこのことを誰にも話すな！
中国に帰国した人々が
直《ただ》ちに逮捕《たいほ》され収容《しゅうよう》されていたので
私は家族と一切《いっさい》の接触《せっしょく》を断《た》ちました

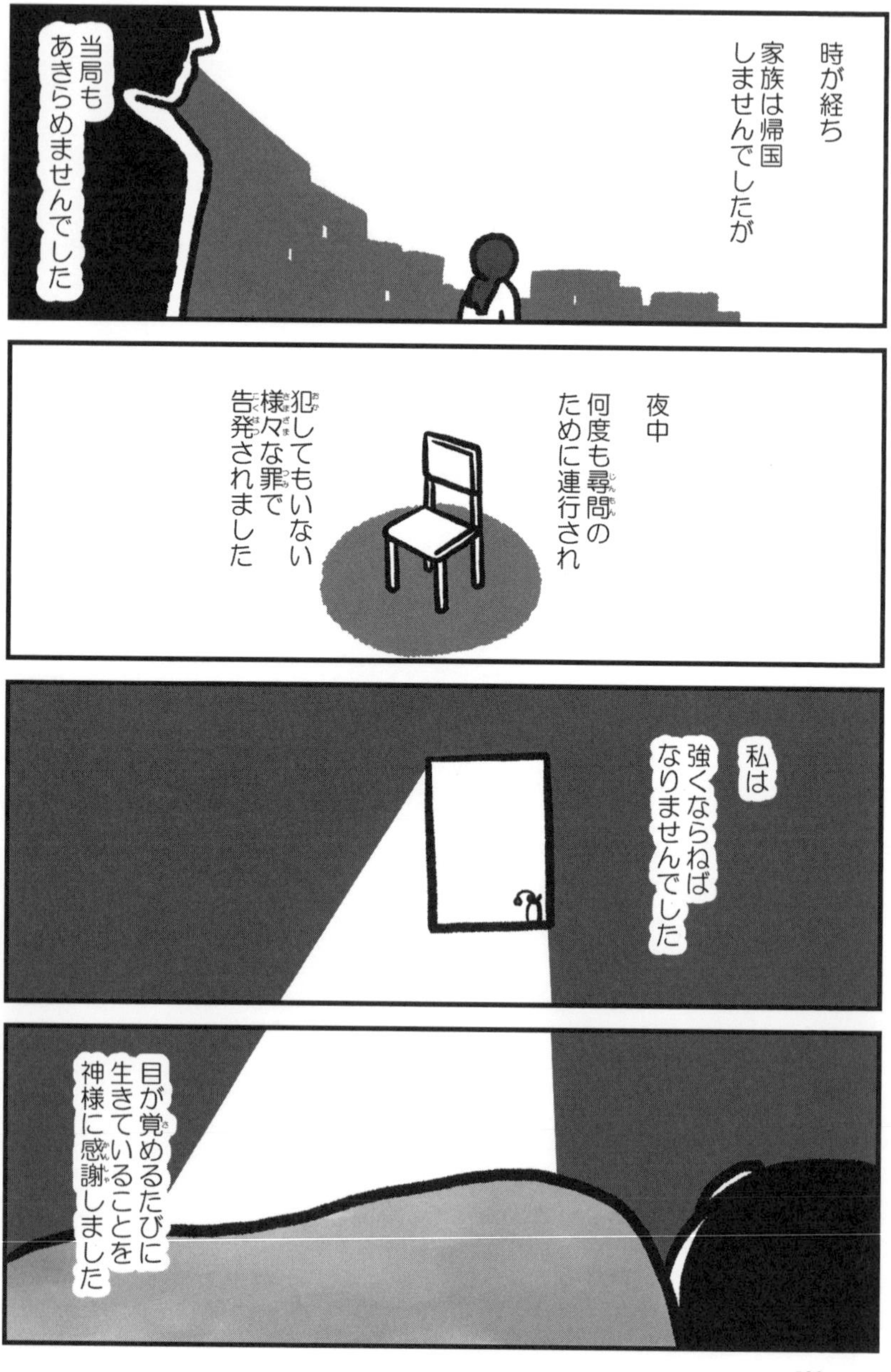

時が経ち
家族は帰国しませんでしたが
当局もあきらめませんでした
夜中
何度も尋問《じんもん》のために連行され
犯《おか》してもいない様々《さまざま》な罪《つみ》で告発《こくはつ》されました
私は
強くならねばなりませんでした
目が覚《さ》めるたびに
生きていることを
神様に感謝《かんしゃ》しました

2017年11月呼び出されて当局の車に乗せられ
一時間ほど走り連れていかれた場所
そこが「再教育施設《さいきょういくしせつ》」だとすぐ悟《さと》りました
収容者に中国語を教えるためにおまえを連れてきた
と言われ
契約書《けいやくしょ》にサインを強要《きょうよう》された時手が震《ふる》えました
そこには「義務《ぎむ》や命令《めいれい》を遂行《すいこう》しなかった場合は死刑《しけい》に処《しょ》す」と書いてあったからです

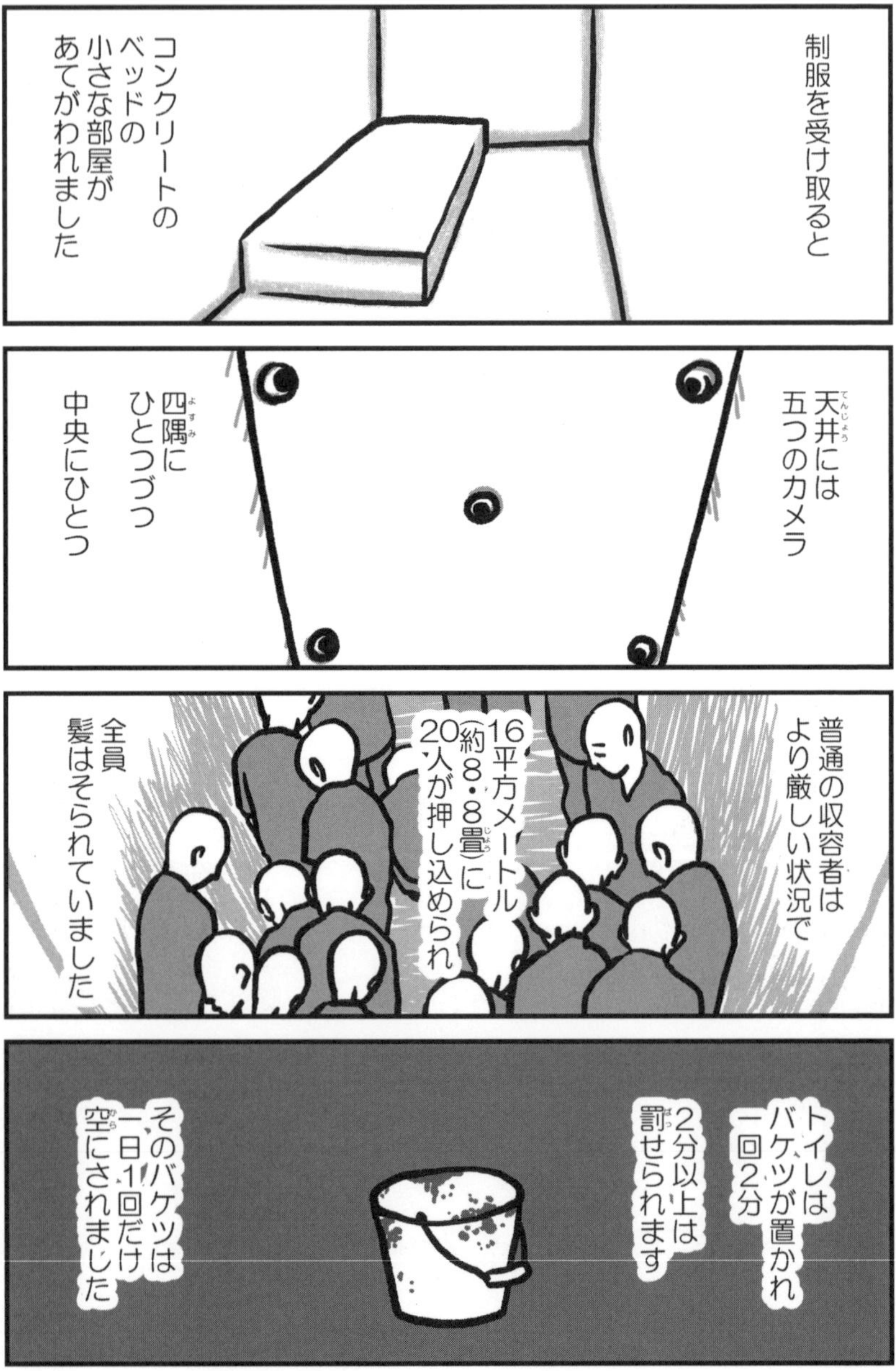
制服を受け取ると
コンクリートの
ベッドの
小さな部屋が
あてがわれました
天井《てんじょう》には
五つのカメラ
四隅《よすみ》に
ひとつづつ
中央にひとつ
普通の収容者は
より厳しい状況で
16平方メートル
(約8・8畳《じょう》)に
20人が押し込められ
全員
髪はそられていました
トイレは
バケツが置かれ
一回2分
2分以上は
罰《ばっ》せられます
そのバケツは
一日1回だけ
空《から》にされました

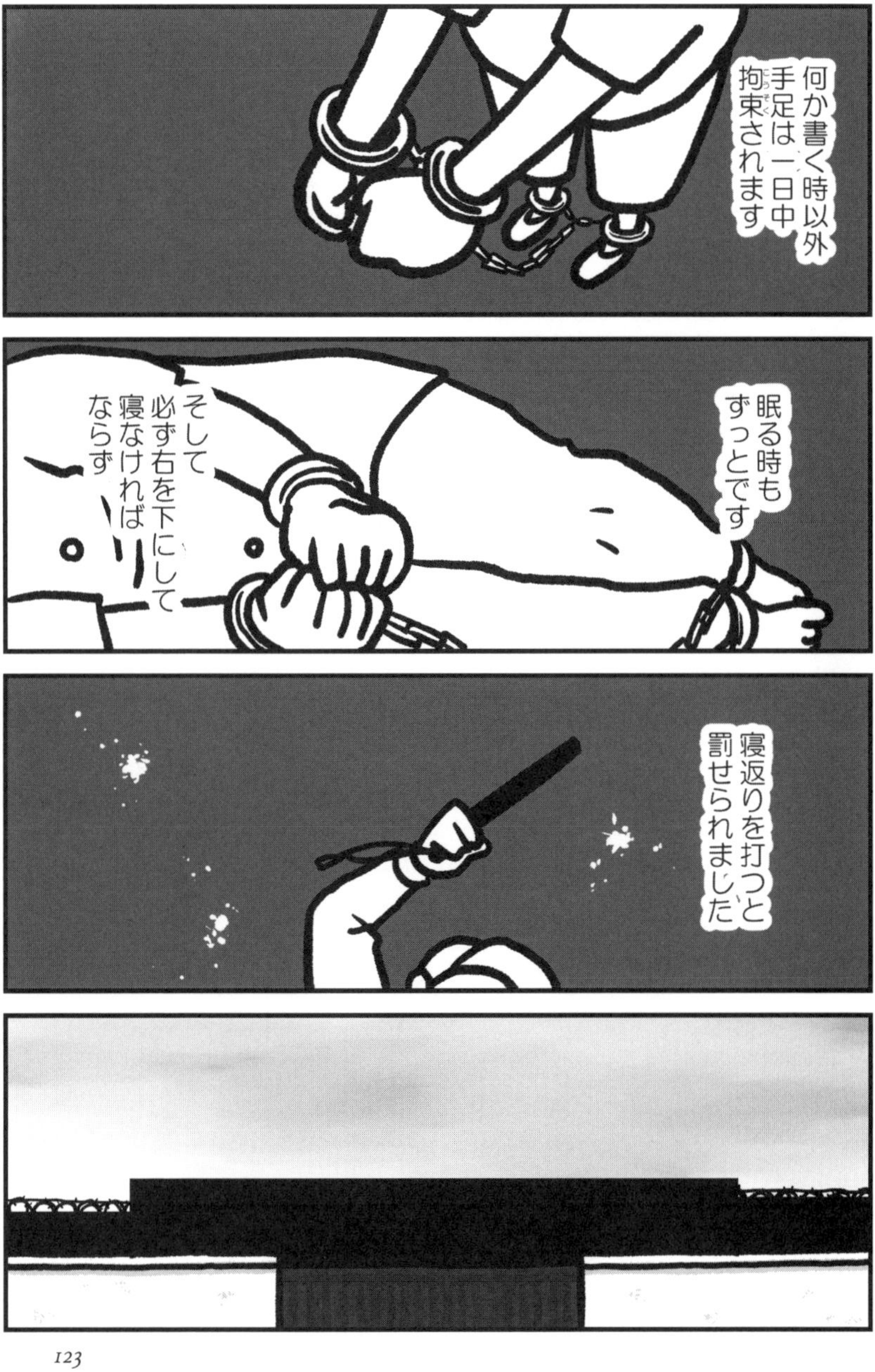
何か書く時以外
手足は一日中
拘束《こうそく》されます
眠る時も
ずっとです
そして
必ず右を下にして
寝なければ
ならず
寝返りを打つと
罰せられました

私の仕事は
ウイグル語
カザフ語を話す
収容者に
中国語を教え
中国共産党の
プロパガンダの歌を
教えることでした
他の拘留者《こうりゅうしゃ》と
話すこと
笑うこと
泣くこと
どんな質問《しつもん》に
答える事も
禁止《きんし》されていました
午前六時
粗末《そまつ》な朝食の後
中国語の
反復《はんぷく》学習
暗記《あんき》
そして
中国が
大好き!
共産党に
感謝します!
私は中国人
です!
習近平が
大好き!

午後からは
自《みずか》らの罪について
反省する時間です
罪は
宗教的慣習《しゅうきょうてきかんしゅう》に
従《したが》うことや
中国語や
中国文化を
知らないことなど
です
告白する罪を
考えなかったり
思いつかなかった
人も
罰を
受けます
手を上げて
壁《かべ》に向かって立ち
罪を考え
二時間かけて
反省文を
書き上げるのです
それが
時には
真夜中まで
続きました

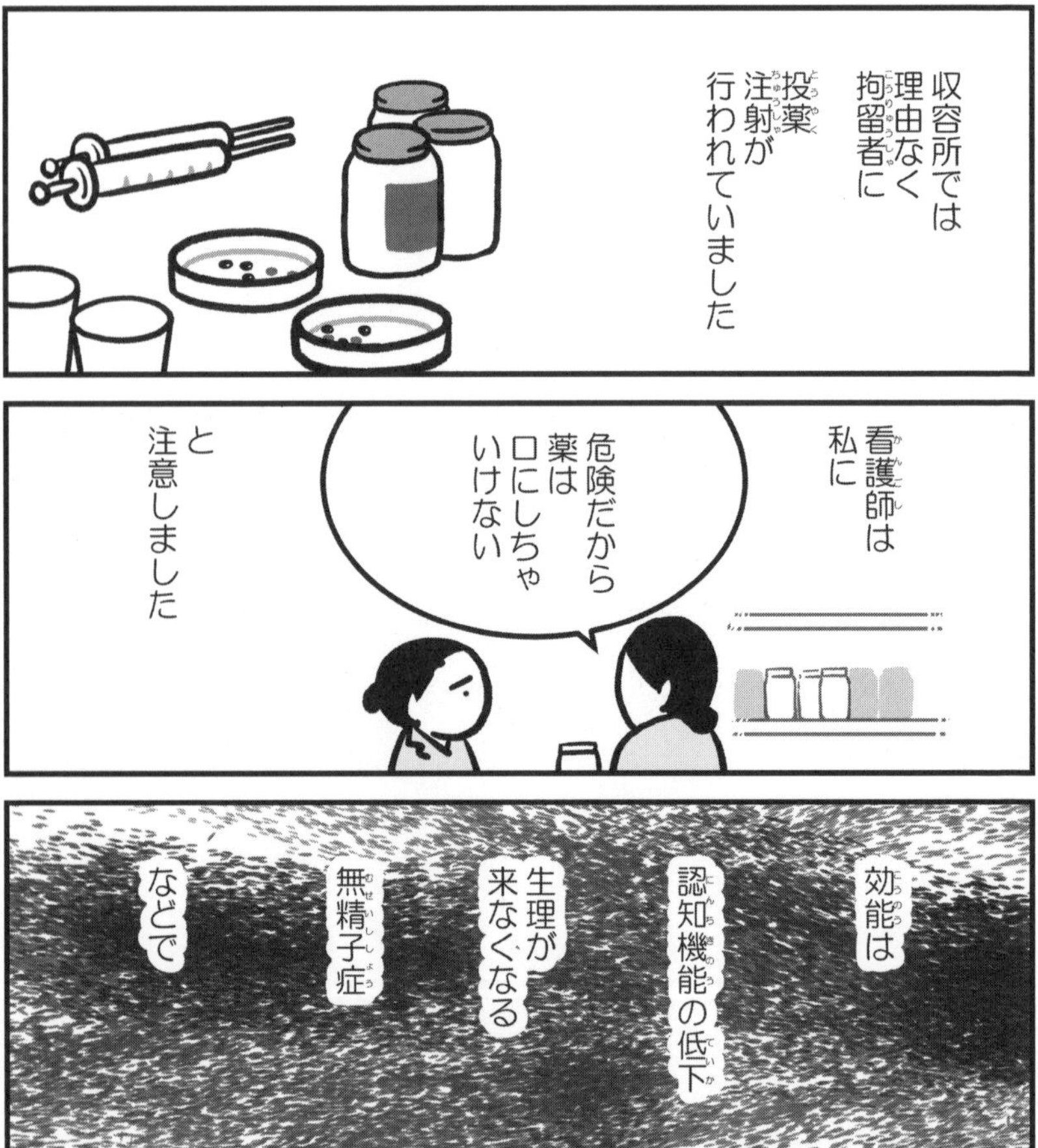
収容所では理由なく拘留者《こうりゅうしゃ》に投薬《とうやく》注射《ちゅうしゃ》が行われていました
看護師《かんごし》は私に
危険だから薬は口にしちゃいけない
と注意しました
効能《こうのう》は
認知機能《にんちきのう》の低下《ていか》
生理が来なくなる
無精子症《むせいししょう》
などで
一方病気になった拘留者《こうりゅうしゃ》は
放置《ほうち》されていました

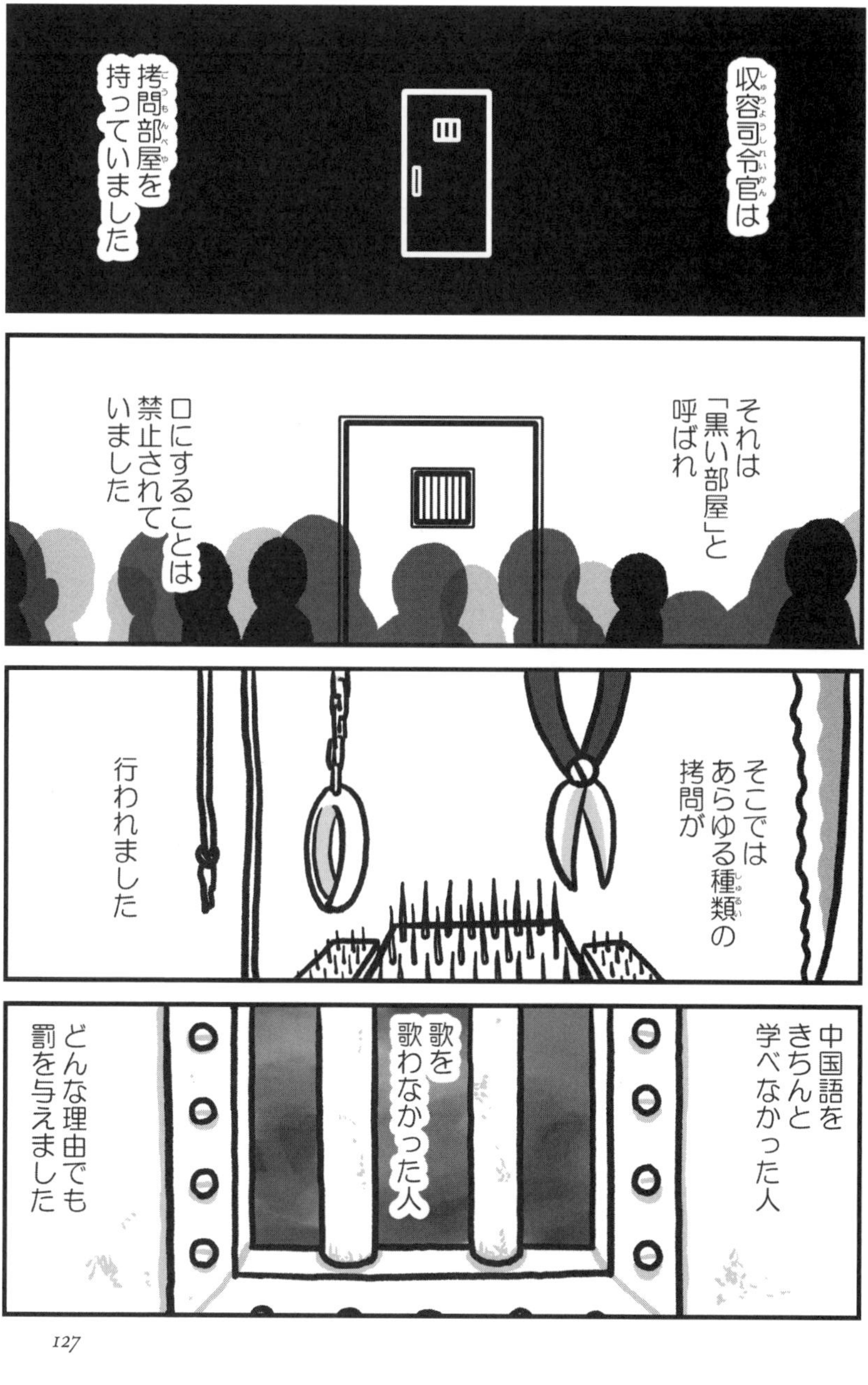
収容司令官《しゅうようしれいかん》は
拷問部屋《ごうもんべや》を持っていました
それは「黒い部屋」と呼ばれ
口にすることは禁止されていました
そこではあらゆる種類《しゅるい》の拷問が
行われました
中国語をきちんと学べなかった人
歌を歌わなかった人
どんな理由でも罰を与えました

たとえば
この羊飼《ひつじか》いをしていた老婦人が
海外の誰かと話していると告発《こくはつ》されたため
逮捕されたのですが
彼女は電話を持っておらず
使用方法も知りませんでした
罪の改悛《かいしゅん》用紙に「かけていない電話で告発された」と書き

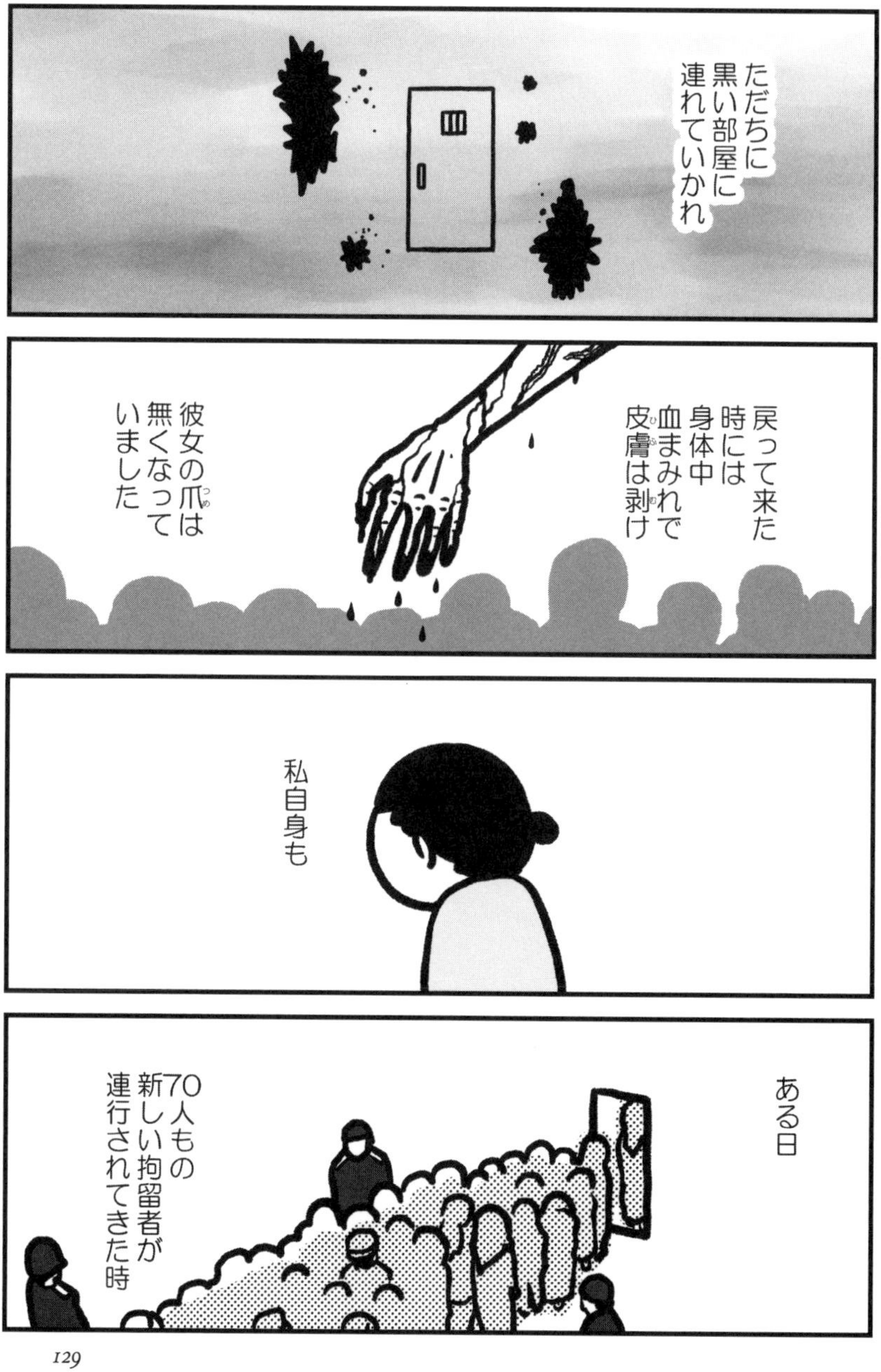
ただちに
黒い部屋に
連れていかれ
戻って来た
時には
身体中
血まみれで
皮膚《ひふ》は剥け
彼女の爪《つめ》は
無くなって
いました
私自身も
ある日
70人もの
新しい拘留者が
連行されてきた時

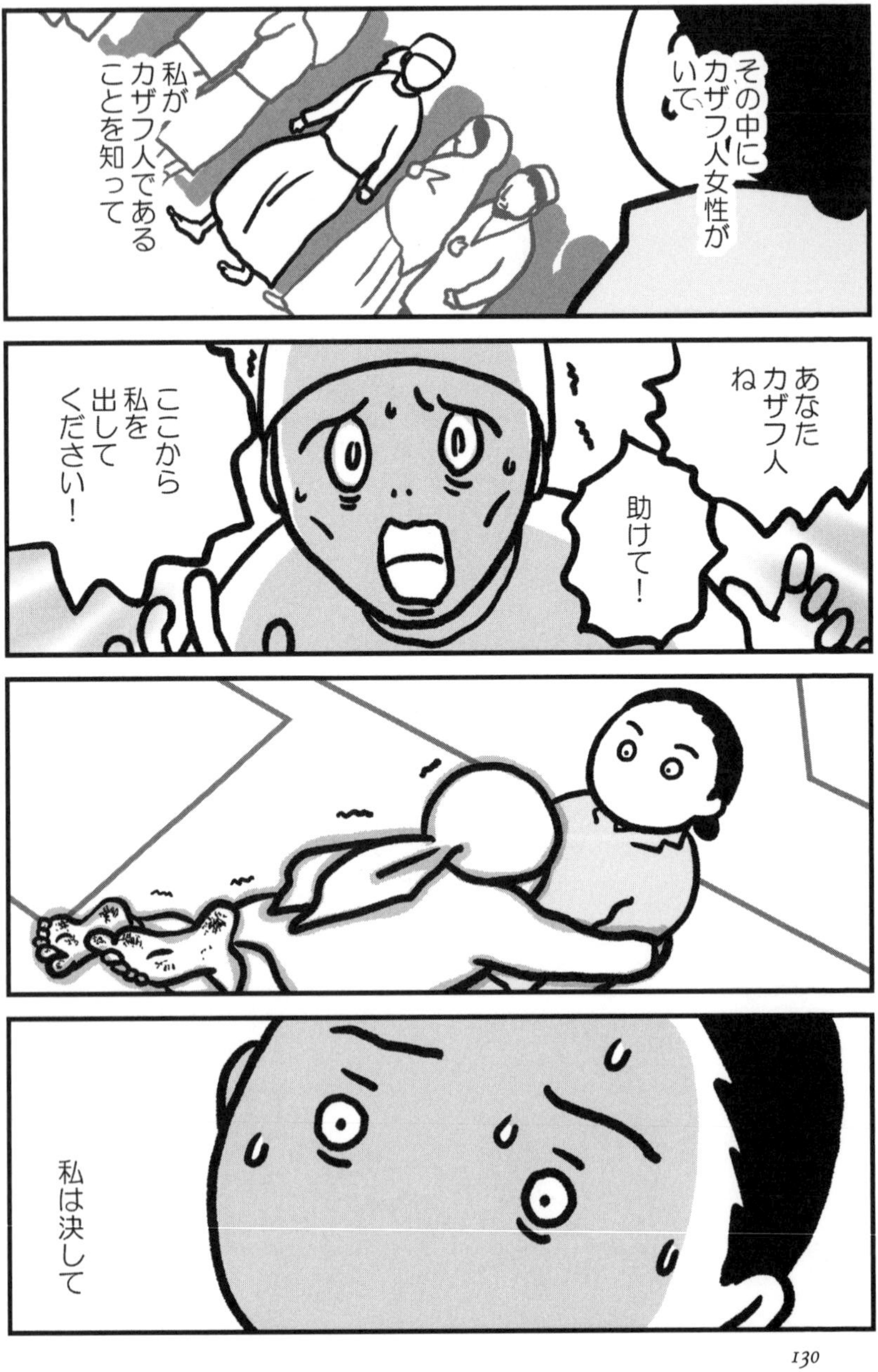

その中にカザフ人女性がいて
私がカザフ人であることを知って
あなたカザフ人ね
助けて！
ここから私を出してください！
私は決して

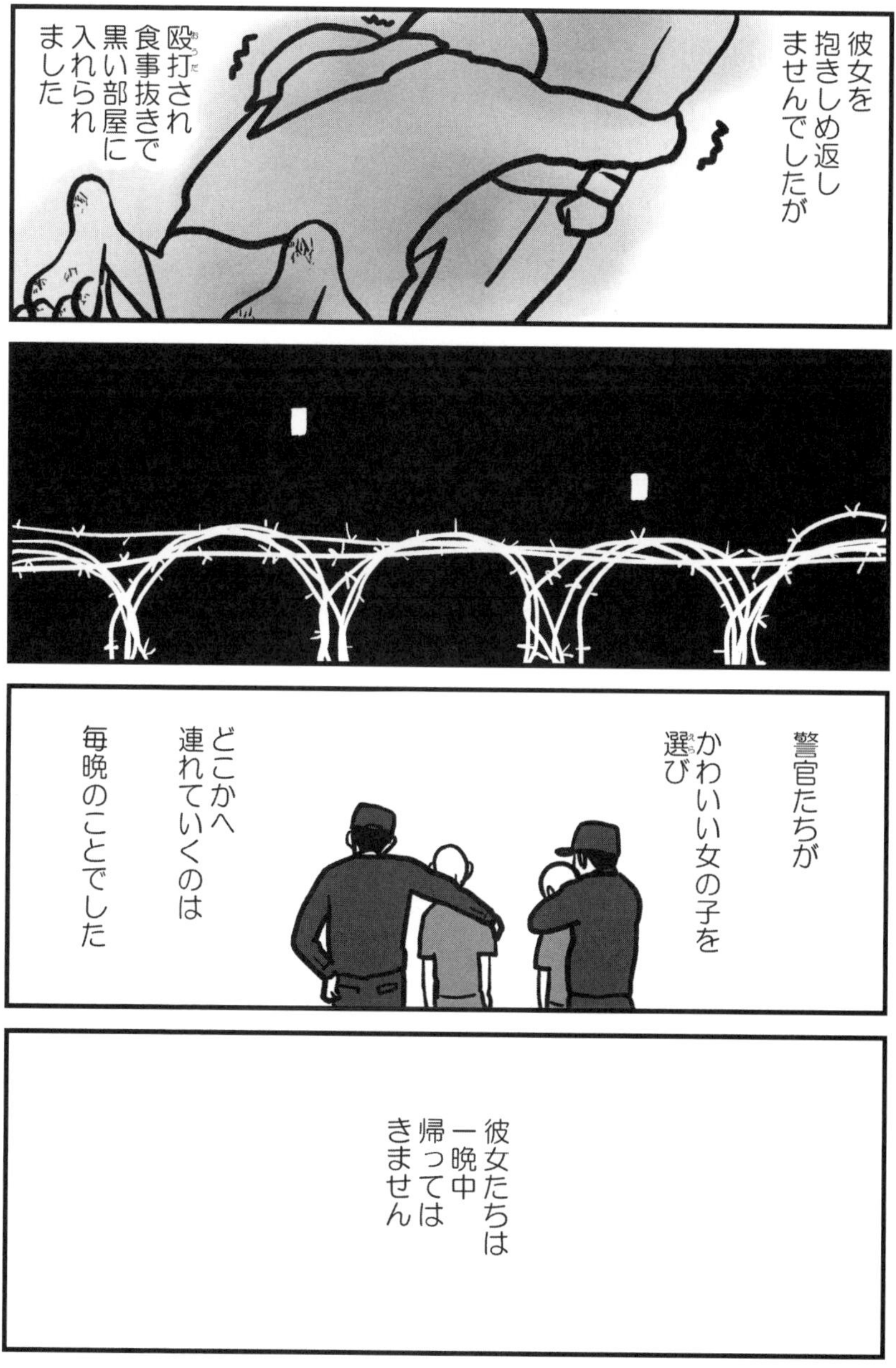

彼女を抱きしめ返しませんでしたが
殴打《おうだ》され食事抜きで黒い部屋に入れられました
警官たちがかわいい女の子を選《えら》び
どこかへ連れていくのは
毎晩のことでした
彼女たちは一晩中帰ってはきません

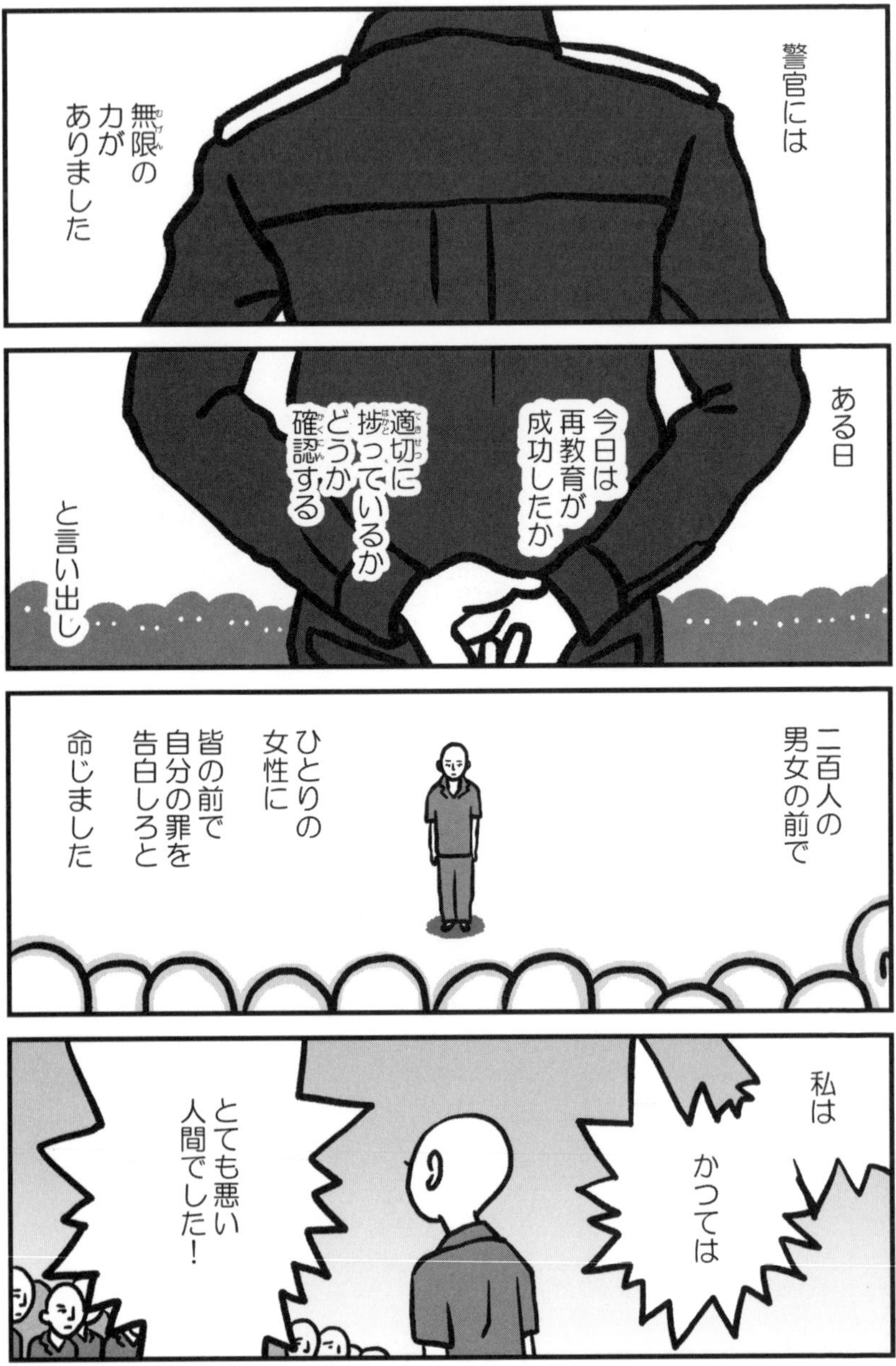
警官には
無限《むげん》の
力が
ありました
ある日
今日は
再教育が
成功したか
適切《てきせつ》に
捗《はかど》っているか
どうか
確認《かくにん》する
と言い出し
二百人の
男女の前で
ひとりの
女性に
皆の前で
自分の罪を
告白しろと
命じました
私は
かつては
とても悪い
人間でした!

中国共産党の
教えや
中国語を
学んだので
私は
良い人間に
生まれ変わる
ことが
出来ました！
ようし！
服を脱《ぬ》げ！

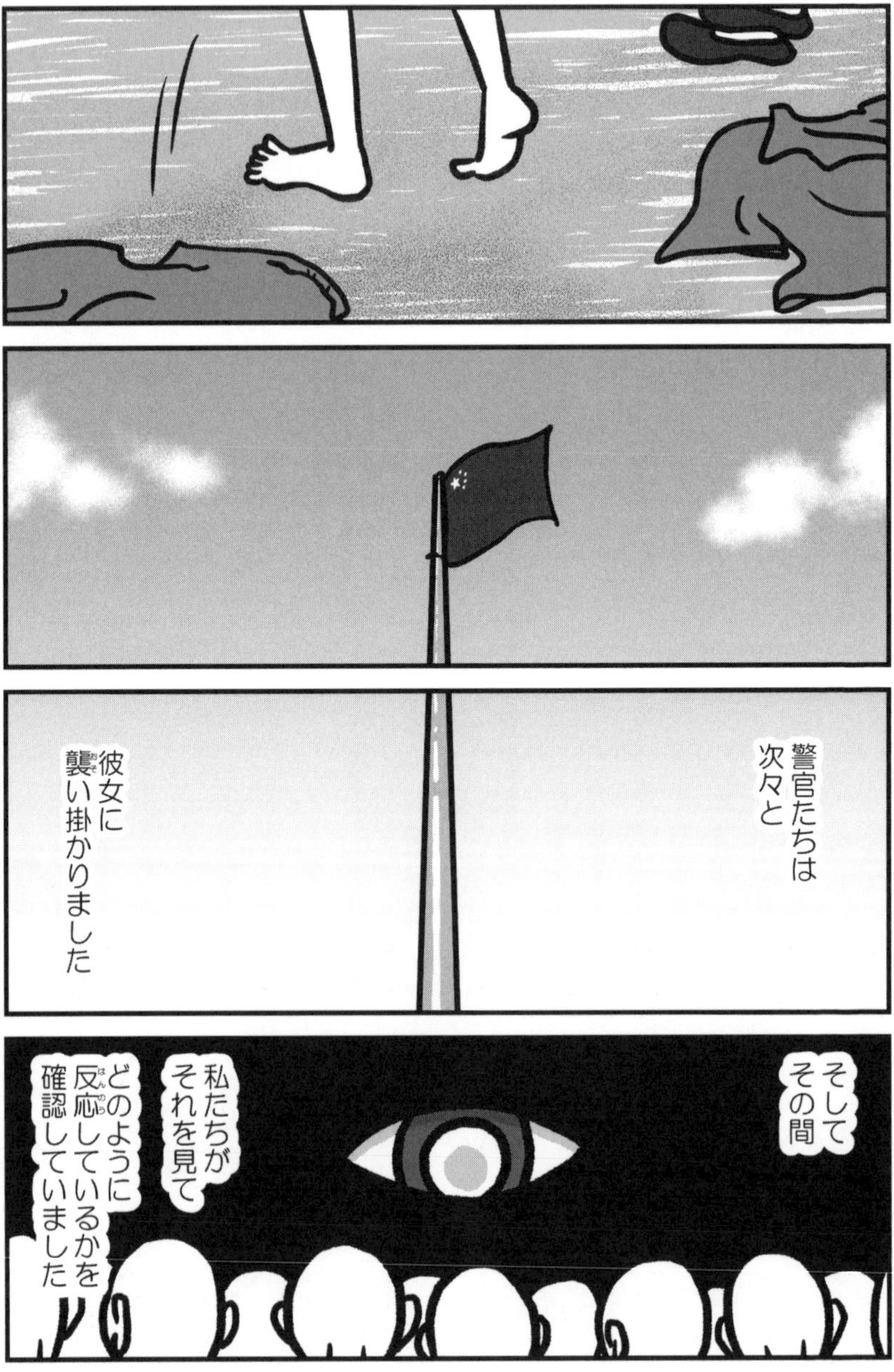
警官たちは
次々と
彼女に
襲《おそ》い掛かりました
そして
その間
私たちが
それを見て
どのように
反応《はんのう》しているかを
確認していました

顔を背《そむ》けたり
目を閉じたり
怒りや
ショックを
表した人は
連れ去られ
その後
二度と姿を
見ることは
ありませんでした
その後
私は
眠ることが
困《こん》難《なん》に
なりました

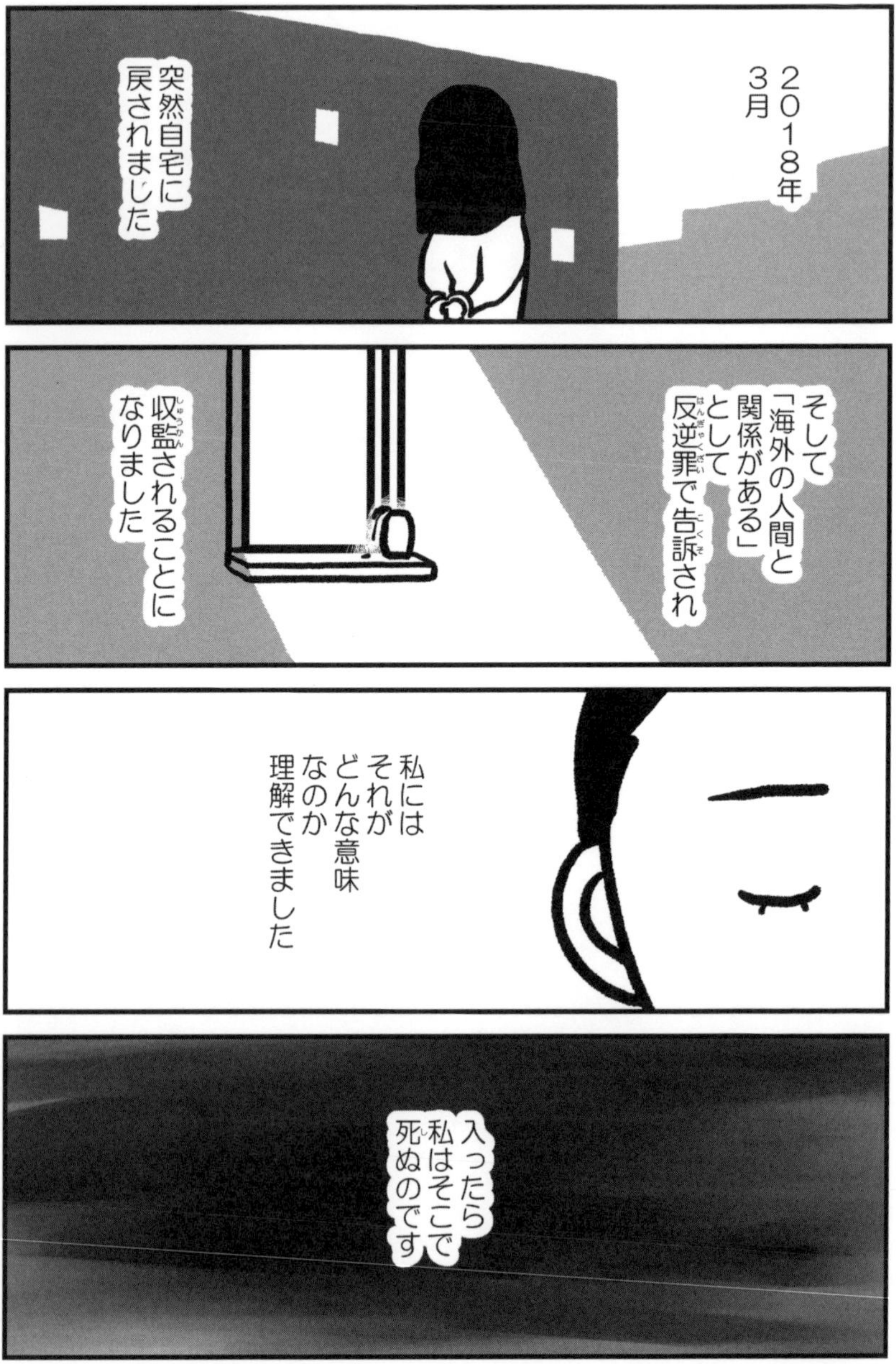

2018年3月
突然自宅に戻されました
そして「海外の人間と関係がある」として反逆罪《はんぎゃくざい》で告訴《こくそ》され
収監《しゅうかん》されることになりました
私にはそれがどんな意味なのか理解できました
入ったら私はそこで死《し》ぬのです

どうせ死ぬのなら
逃げようと思いました
二年半会っていない子供たちに
どうしても会いたかったのです
窓からアパートを抜け出し
タクシーで国境《こっきょう》を超《ご》え

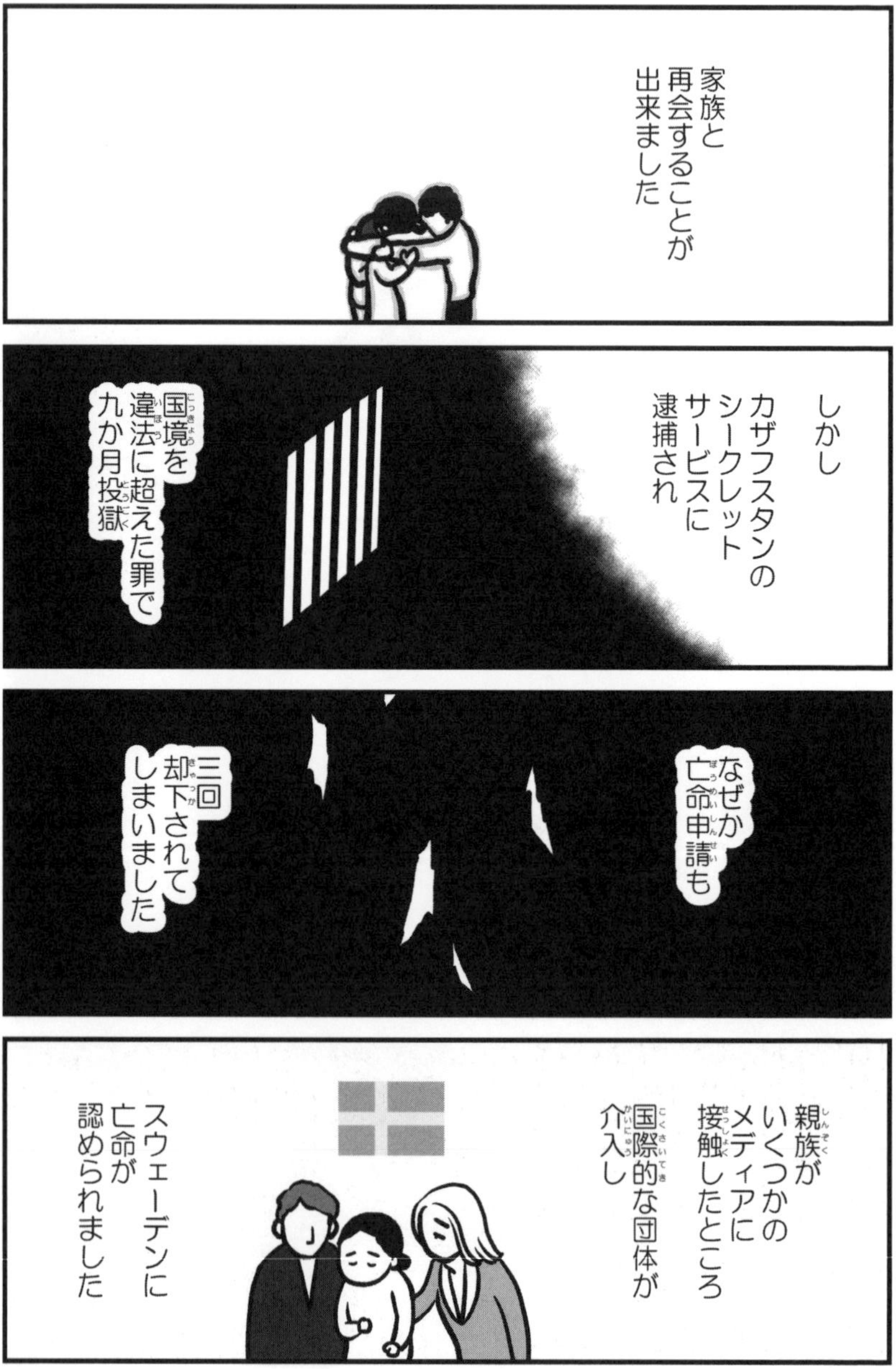
家族と
再会することが
出来ました
しかし
カザフスタンの
シークレット
サービスに
逮捕され
国境《こっきょう》を
違法《いほう》に超えた罪で
九か月投獄《とうごく》
なぜか
亡命申請《ぼうめいしんせい》も
三回
却下《きゃっか》されて
しまいました
親族《しんぞく》が
いくつかの
メディアに
接触《せっしょく》したところ
国際的《こくさいてき》な団体が
介入《かいにゅう》し
スウェーデンに
亡命が
認められました

収容所での出来事の数々・・・
私の助けを期待《きたい》していたあの目を
決して忘れることは出来ません
だから私は証言します
私の名は
セイラグリ サウトバイ
Sayragul Sauytbay

お願いします

どうか
中国にある
強制収容所に
ついて知って
ください

この話が
できるだけ
多くの人々に
伝わり
東トルキスタン
(新疆《しんきょう》)にいる
ウイグル人
カザフ人
その他の民族の
助けになることを
願っています

参考出典

https://www.haaretz.com/world-news/.premium.MAGAZINE-a-million-people-are-jailed-at-china-s-gulags-i-escaped-here-s-what-goes-on-inside-1.7994216

証言者
Sayragl Sauytbay

取材 協力
David Stavrou

The Uighur Educational Association of Sweden

著作者
清水 ともみ
(Shimizu Tomomi)
@swim_shu

2020.04.08.

大坂なおみ選手の同情の眼は、黒人にだけ向けられるのか？

二〇二〇年の「全米オープン」の女子シングルス選で、大坂なおみ選手が「私は、アスリートである前に、1人の黒人女性です」とのことで、マスクに黒人（死者）の何人かの名前を明記したものを使用したことがあった。その行為に関して、米国内は無論のこと日本国内でも拍手喝采だった。しかし、その「死者」が、まったくの無罪潔白で殺されたのか、犯罪行為をしたために警察官と揉み合いになったりしての不幸な死だったのか、あきらかに警察官の不当な処置によって死亡したのかは、よくよく考えておくべきかもしれない。また、なぜ、大坂選手は肌の色を越えて、ウイグル人の名前を明記したマスクを着用はしないのだろうか。

本書で描かれているウイグル人たちは、何の暴力沙汰も起こしていないにもかかわらず、中共当局によって不当に逮捕されたり処刑された「無実」の人達だ。

普通ならば、より酷く虐待されている人たちに、より多くの同情を持つのが当然ではないだろうか。それが人間の自然な感情というものだ。だから、その意味で、アメリカの黒人よりは中国共産党支配下のウイグル人（やチベット人やモンゴル人）のほうが遥かに悲惨な状況に置かれているのは間違いない。ただ,それを伝える「映像」や「写真」が黒人の例に比べると圧倒的に乏しい。全体主義国家・中国による情報統制が厳しいからだ。

本書がその統制を突破する一助となってほしい（編集部）。

第五章 戻らない家族への思い……

私の身に起きたこと

とある在日ウイグル人男性の証言

清水ともみ

私は
27歳《さい》
ウイグル人です
日本へ
来て
一年以上が
経《た》ちました
毎日
東京の
IT企業で
忙しく
働いています

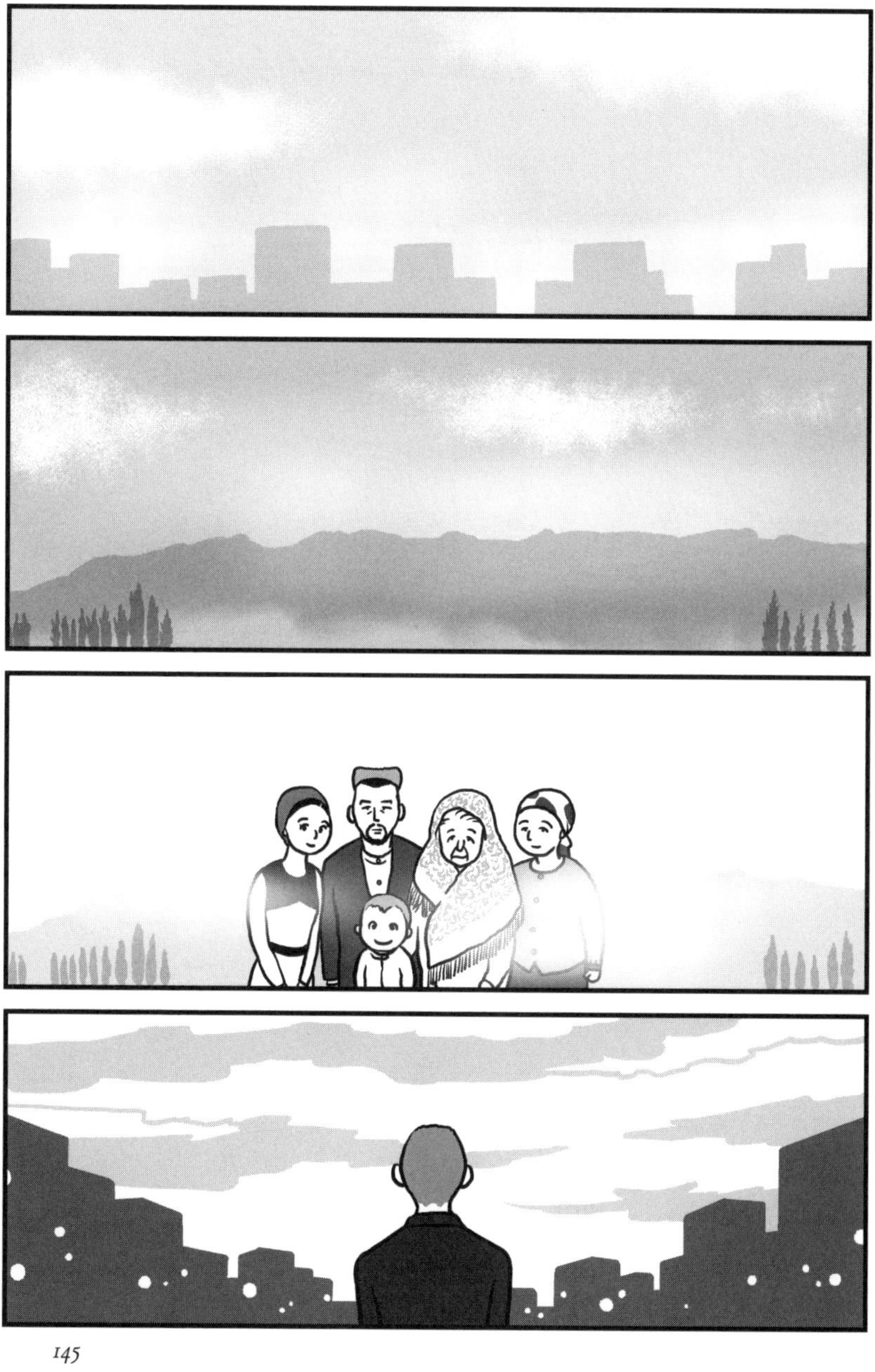

私は
トルファンという
地域の農家で
長男として
産まれました
家業《かぎょう》は
ぶどうを
育て
収穫《しゅうかく》し
干しぶどうを
作ることです
父は
地域の
宗教指導者《しゅうきょうしどうしゃ》
イマームをしていて
尊敬《そんけい》されている
存在《そんざい》でした

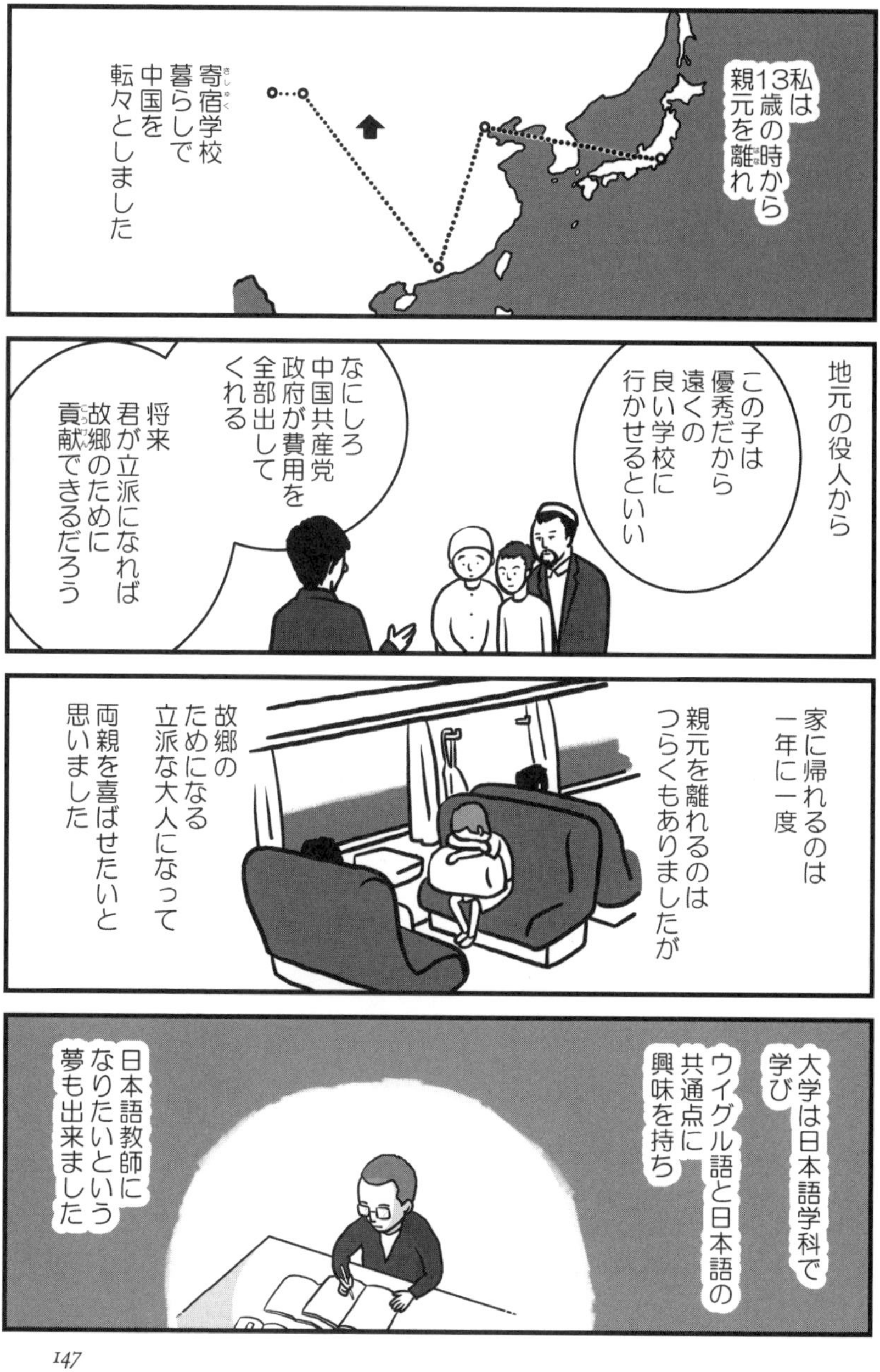
私は
13歳の時から
親元を離《はな》れ
寄宿《きしゅく》学校
暮らしで
中国を
転々としました
地元の役人から
この子は
優秀だから
遠くの
良い学校に
行かせるといい
なにしろ
中国共産党
政府が費用を
全部出して
くれる
将来
君が立派になれば
故郷のために
貢献《こうけん》できるだろう
家に帰れるのは
一年に一度
親元を離れるのは
つらくもありましたが
故郷の
ためになる
立派な大人になって
両親を喜ばせたいと
思いました
大学は日本語学科で
学び
ウイグル語と日本語の
共通点に
興味を持ち
日本語教師に
なりたいという
夢も出来ました

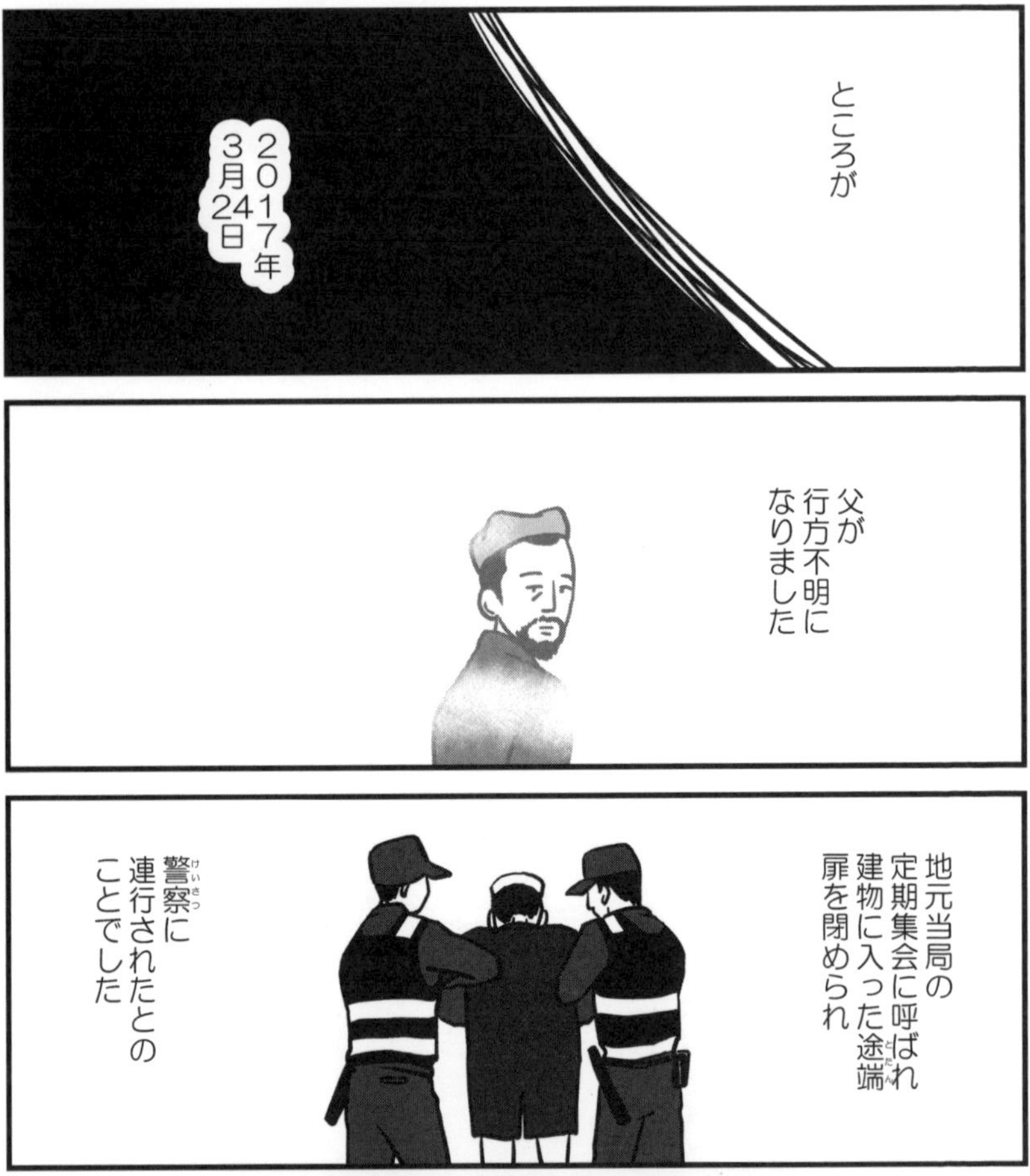
ところが
2017年3月24日
父が行方不明になりました
地元当局の定期集会に呼ばれ建物に入った途端《とたん》扉を閉められ
警察《けいさつ》に連行されたとのことでした
弁護士《べんごし》もつかない非公開の裁判《さいばん》で懲役《ちょうえき》6年
「騒乱挑発罪《そうらんちょうはつざい》」という罪《つみ》だそうです

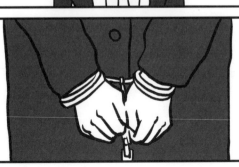

家族が刑務所《けいむしょ》の父にビデオ面会で会った時
…大丈夫
中国共産党《ちゅうごくきょうさんとう》には良くしてもらっています
悪い思想《しそう》の病気が治《なお》ってよかった
学校にも行かせてもらっているし…中国共産党には感謝《かんしゃ》している
そう言っていたそうです

そして親戚《しんせき》たち10人ほどが
続々《ぞくぞく》と拘束《こうそく》されていきました
強制収容所《きょうせいしゅうようじょ》から手紙が届いたこともありましたが
やはり
「とてもよくしてもらっている思想の病気が取れてよかった共産党に感謝している」
と書いてありました
母の弟が証拠《しょうこ》としてその手紙を
インターネット上に公開して訴《うった》えたところ
ほどなく彼も
拘束されてしまいました

私が
警察に親戚のことを
問い合わせると
おかしな
声色《こわいろ》で
ここは
警察じゃない
死体安置所《したいあんちしょ》
だ！
と言ったきり
通じなくなりました
ほとんどの親戚たちは
それぞれ
一年程《いちねんほど》で
帰って来ましたが
病院へ
行くことすら
地元３人の役人の
許可印《きょかいん》が必要《ひつよう》な
状態《じょうたい》です
でも
中国共産党には
本当によくして
もらいました
おかげで
悪い思想の
病気が取れて
ああ
本当に
よかった

学校にも行かせてもらったし
中国共産党には感謝しかありません
2015年頃から私の実家《じっか》にも
2つの監視《かんし》カメラが設置《せっち》されました
監視のために各家庭《かくかてい》に漢人《かんじん》が派遣《はけん》され
「家族」として寝食《しんしょく》をともにするのです

母と娘だけのような女所帯《おんなじょたい》に男性の漢人が入り込み
同じ部屋で寝ることもあります
若いウイグル人男性は強制的に拘束収容されており
一方漢人を大量に入植《にゅうしょく》させウイグル人との結婚を奨励《しょうれい》しました
若いウイグル人女性は家族の暮らしや安全のためにも漢人との結婚を拒否《きょひ》できません
徐々にウイグル人の血を薄《うす》めていくよう
政府当局が誘導《ゆうどう》しているのです

友人の父は大学の先生をしていましたが
当局からその地方の見張《みは》りを命《めい》じられたといいます
「毎日５人
必ず怪《あや》しい人物をリストにして
提出するように」
彼は
リストを提出することが出来ませんでした
そして
彼自身が
収容所へ連行されていきました

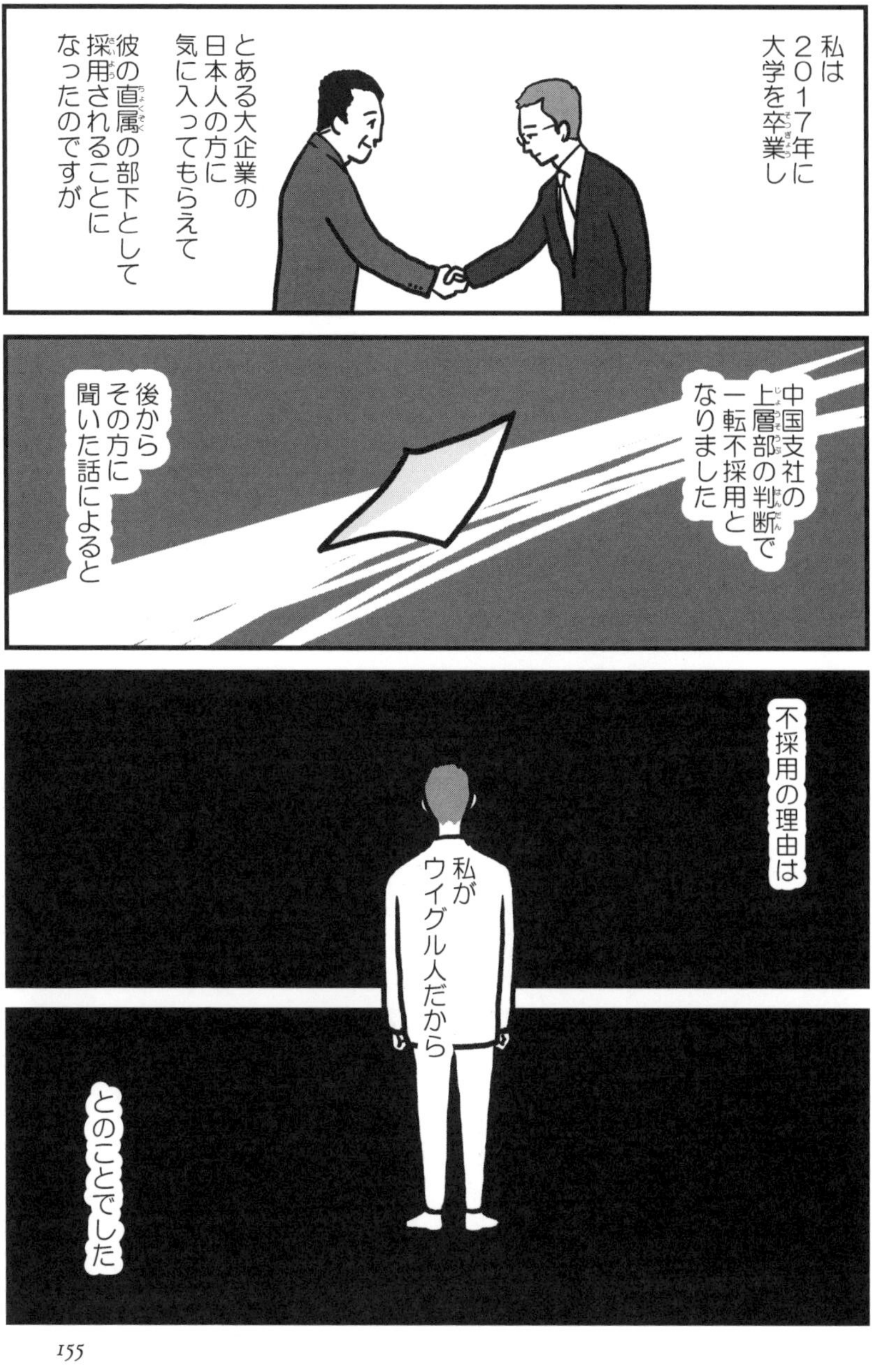
私は２０１７年に大学を卒業《そつぎょう》し
とある大企業の日本人の方に気に入ってもらえて彼の直属《ちょくぞく》の部下として採用《さいよう》されることになったのですが
中国支社の上層部《じょうそうぶ》の判断《はんだん》で一転不採用となりました
後からその方に聞いた話によると
不採用の理由は
私がウイグル人だから
とのことでした

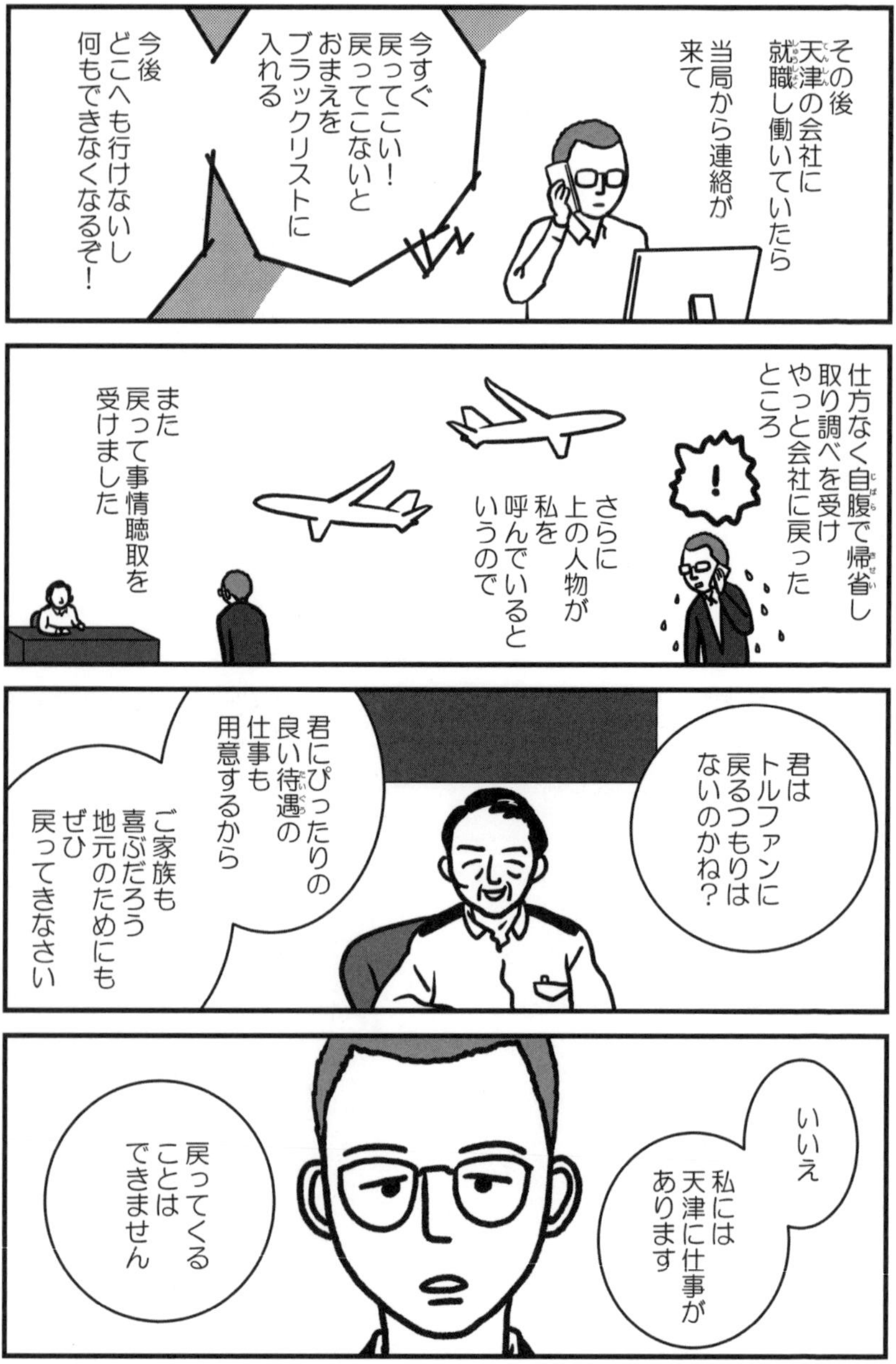
その後 天津《てんしん》の会社に 就職《しゅうしょく》し働いていたら 当局から連絡が 来て
今すぐ 戻ってこい! 戻ってこないと おまえを ブラックリストに 入れる
今後 どこへも行けないし 何もできなくなるぞ!
仕方なく自腹《じばら》で帰省《きせい》し 取り調べを受け やっと会社に戻った ところ
!
さらに 上の人物が 私を 呼んでいると いうので
また 戻って事情聴取を 受けました
君は トルファンに 戻るつもりは ないのかね?
君にぴったりの 良い待遇《たいぐう》の 仕事も 用意するから
ご家族も 喜ぶだろう 地元のためにも ぜひ 戻ってきなさい
いいえ
私には 天津に仕事が あります
戻ってくる ことは できません

その事情聴取《じじょうちょうしゅ》が
終わって
帰る時
その目つきを
見た時
私はもう二度と
ここへ
戻って来ては
いけないと
思いました

その後
会社が日系企業《にっけいきぎょう》
だったことから
日本へ
転勤《てんきん》することに
なりました
もう
ウイグル人への
パスポートの
規制《きせい》も
行われていた
ため
护照
PASSPORT
本当に
出国《しゅっこく》できるのかと
心配でしたが
バン

私は幸運《こううん》でした
後から聞いたら話では
機内《きない》で飛び立つ直前に呼び止められ連行されて行ったウイグル人もいたそうです

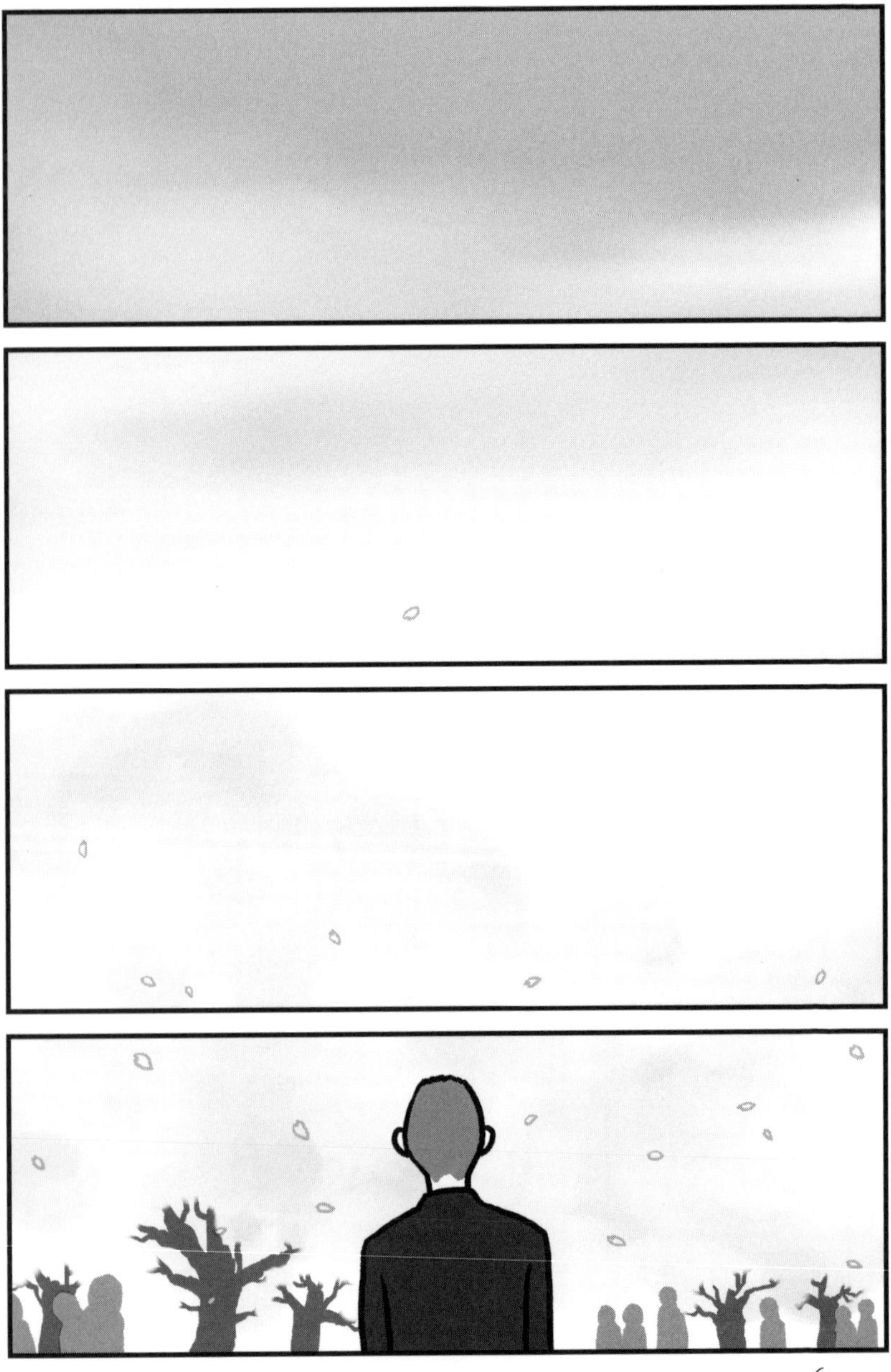

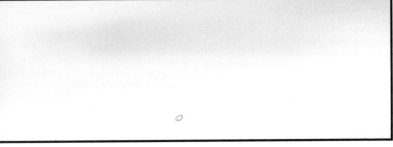

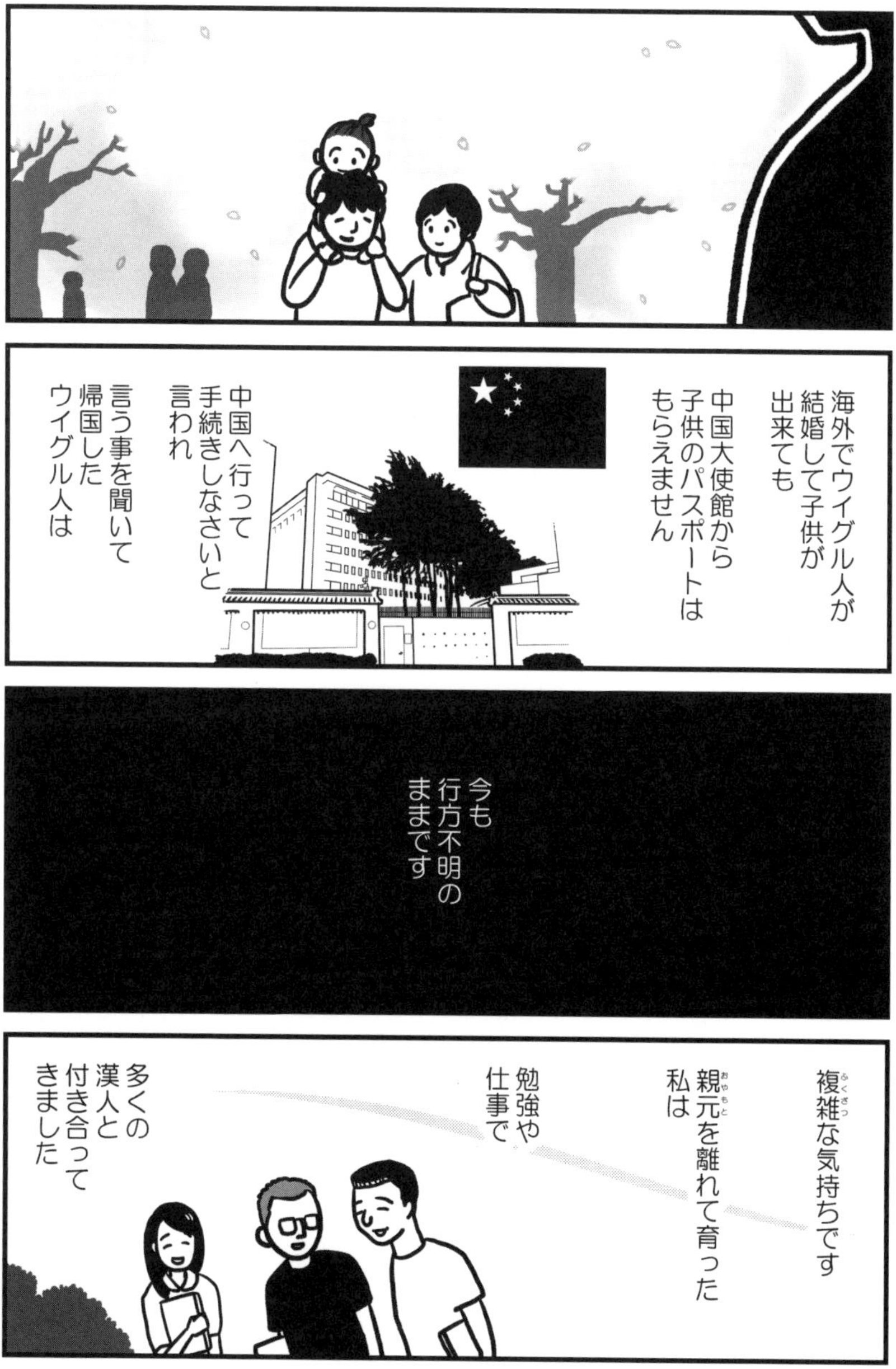
海外でウイグル人が
結婚して子供が
出来ても
中国大使館から
子供のパスポートは
もらえません
中国へ行って
手続きしなさいと
言われ
言う事を聞いて
帰国した
ウイグル人は
今も
行方不明の
ままです
複雑《ふくざつ》な気持ちです
親元《おやもと》を離れて育った
私は
勉強や
仕事で
多くの
漢人と
付き合って
きました

どんなに
つらくても
がまんして
長い間
がんばって
勉強してきた
のは
お父さんや
お母さんに
恩返《おんがえ》しする
ためだった
というのに

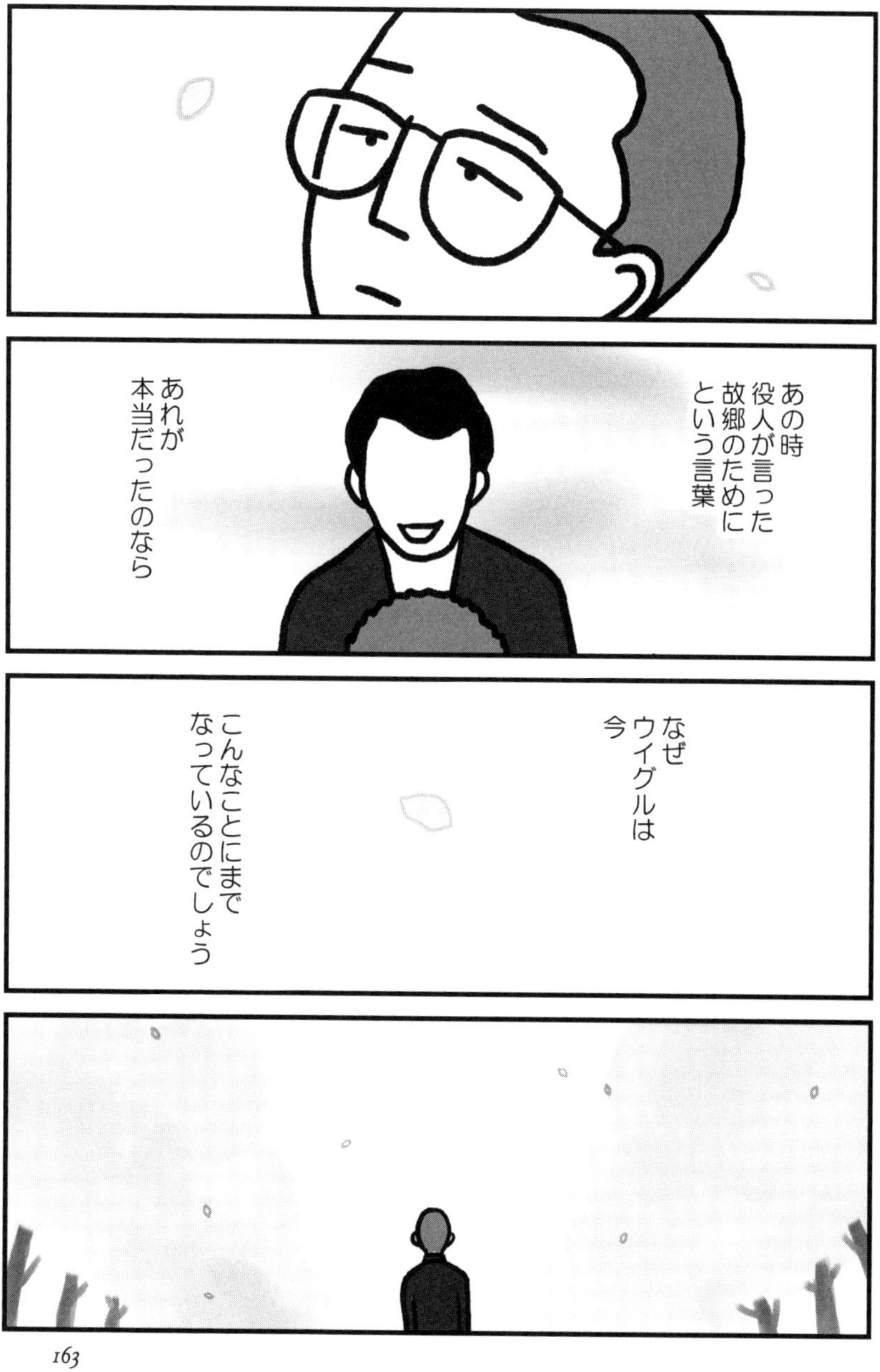
あの時
役人が言った
故郷のために
という言葉
あれが
本当だったのなら
なぜ
ウイグルは
今
こんなことにまで
なっているのでしょう

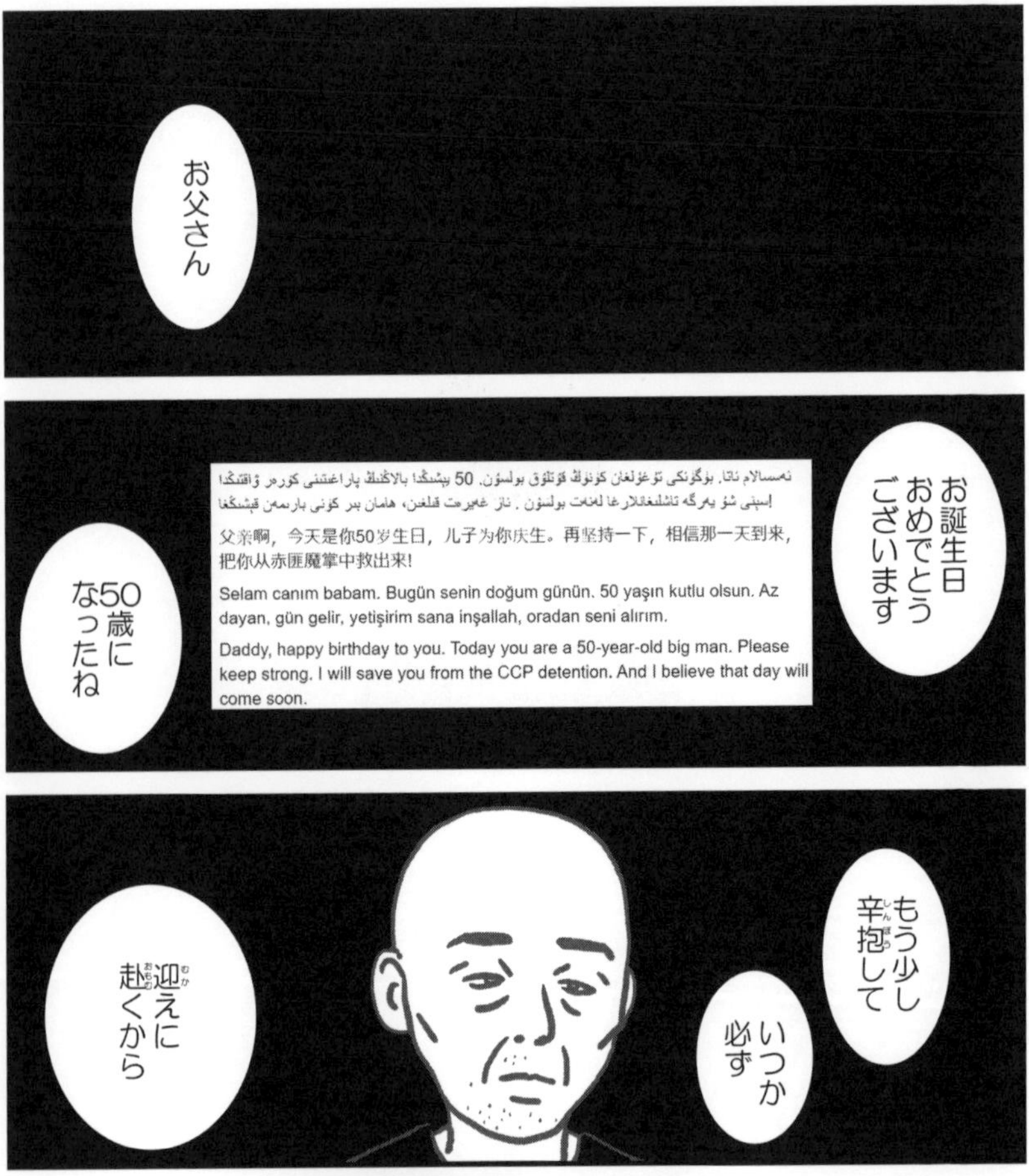
お父さん
お誕生日おめでとうございます
父亲啊，今天是你50岁生日，儿子为你庆生。再坚持一下，相信那一天到来，把你从赤匪魔掌中救出来!
Selam canım babam. Bugün senin doğum günün. 50 yaşın kutlu olsun. Az dayan, gün gelir, yetişirim sana inşallah, oradan seni alırım.
Daddy, happy birthday to you. Today you are a 50-year-old big man. Please keep strong. I will save you from the CCP detention. And I believe that day will come soon.
50歳になったね
もう少し辛抱《しんぼう》して
いつか必ず
迎《むか》えに赴《おもむ》くから
妹のSNSは三か月前更新《こうしん》されたきり
電話も通じず
家族の安否《あんぴ》を知るすべがありません

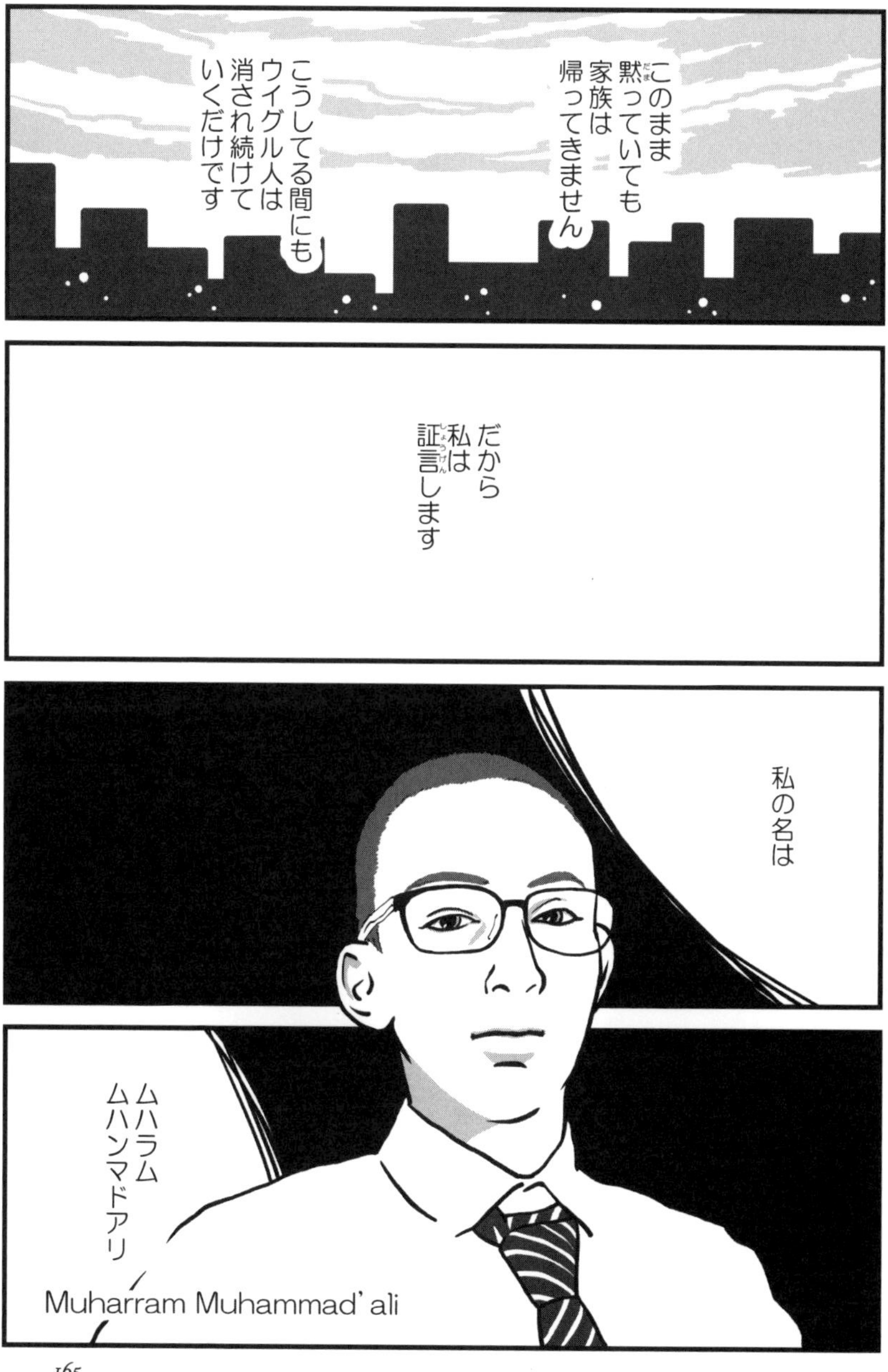
このまま黙《だま》っていても家族は帰ってきません
こうしてる間にもウイグル人は消され続けていくだけです
だから私は証言《しょうげん》します
私の名は
ムハラム ムハンマドアリ
Muharram Muhammad' ali

お願いします

どうか
私たちが
置かれている
状況《じょうきょう》について
知ってください

そしてこの話を
あなたのまわりの
誰かに
伝えてください
ませんか

参考出典

https://www.shahit.biz/eng/viewentry.php?entryno=4958

https://shahit.biz/eng/viewentry.php?entryno=5052

https://www.theguardian.com/world/2019/aug/14/uighur-man-held-after-leaking-letters-from-xinjiang-camp-inmates-says-family?CMP=Share_iOSApp_Other

証言者
ムハラム ムハンマドアリ
Muharram Muhammad'ali

著作者
清水 ともみ
Shimizu Tomomi
@swim_shu

2020.02.20.

国際社会において、名誉ある地位を占めたいと思わない人々がいる？

　日本国憲法の前文にはこういう言葉がある。

「われらは平和を維持し、専制と隷従、圧迫と偏狭を地上から永遠に除去しようと努めている国際社会において、名誉ある地位を占めたいと思う。われらは全世界の国民が、ひとしく恐怖と欠乏から免れ、平和の内に生存する権利を有することを確認する。

　われらは、いずれの国家も、自国のことのみに専念して他国を無視してはならないのであって、政治道徳の法則は、普遍的なものであり、この法則に従うことは、自国の主権を維持し、他国と対等関係に立とうとする各国の責務であると信ずる。

　日本国民は、国家の名誉にかけて、全力をあげて崇高な理想と目的を達成することを誓う」

　『沖縄から問う東アジア共同体「軍事のかなめ」から「平和のかなめ」へ 』（花伝社）という本の中で、ある大学教授がこんなことを言っていた。二〇一八年四月の講演が収録されているのだが、その中で、この人は、中国の「一帯一路」を礼賛し、チベットやウイグルもこの構想に入っているとして、「私は去年（二〇一七年）ウイグルに行き、すさまじい発展を目にしました」と豪語しているのだ。次々とモスクを破壊し、その跡地に強制収容所を建設している工事を見て、そう勘違いしただけなのかもしれないが、現地まで出かけてもモデルコースだけ見せられては、そこに「専制と隷従、圧迫と偏狭」があることに気付かないのかもしれない（編集部）。

第六章　スパイになれと強要されて

私の身に起きたこと

とある在日ウイグル人男性の証言2

清水ともみ

私は46歳
ウイグル人です
20年前留学生《りゅうがくせい》として
日本に来ました
今は新松戸《しんまつど》で料理店を経営《けいえい》し
ROSE KEBAB
家族で暮《く》らしています
休みの日は弾圧《だんあつ》されている同胞《どうほう》のために問題を知らせる活動をしたり
ウイグル協会で日本の災害時《さいがいじ》にボランティアなどもしています

私は八人兄弟で
父が早めに亡《な》くなってしまったため
一番上の兄が
当時《とうじ》決まっていた結婚もあきらめ
父親代わりとなって家族の面倒《めんどう》を見てくれました
身を粉にして働き
私達兄弟を大学まで行かせてくれた優しい兄さん
そんな兄から最近
頻繁《ひんぱん》に電話が来るようになりました

ここ3年ほど
ほとんどのウイグル人が故郷《こきょう》の家族と連絡《れんらく》が取れなくなっているにもかかわらずです
私は
なるべく電話に出ないようにしていました
なぜなら・・
なぜ電話に出ない？
ごめんよずっと忙《いそが》しくて・・
2018年のデモに参加《さんか》したのか？おまえが写真に写ってるそうだ

覚《おぼ》えてないよ
おまえの店や自宅《じたく》にウイグル人が集まってると秘密機関《ひみつきかん》の人が言ってる
その時の兄の姿《すがた》は
あきらかにおかしいものでした
首の後ろが腫《は》れ足腰《あしこし》に不自由があるようでした
そして時折《ときおり》怯《おび》えた目線を
カメラの向《む》こうへ向けていました
兄さんそこに誰かいるんだね
いや誰もいないよ
組織《そしき》や活動に参加しないように
まわりの人にもそう言ってくれ
こちらの家族のことも考えてくれ

いいか
中国は あらゆる分野《ぶんや》で 世界最高の国だ
いずれ おまえたち家族も 中国に戻ってくる
今の活動は その時の ためにならない
彼らはおまえに 人望《じんぼう》があるから 我《わ》が国に貢献《こうけん》して ほしいとまで 言ってくれてるんだ
次の電話には 国家安全局《こっかあんぜんきょく》だという 人間が姿を あらわしました
本物ですか? 詐欺《さぎ》でしょう
何か 証明《しょうめい》できる ものを見せて下さい

この方々は当局の人ですよ
おまえが信用しないとか言っちゃダメだよ
今見せよう
彼は国家安全局の身分証を提示《ていじ》しました
わかりました
…私が一番重要《じゅうよう》なのは家族を守ること
それが前提条件《ぜんていじょうけん》です…
…
私も君と
「友達」になるための条件を伝えますね

第一に君が外国で何をしようとも我々に協力してくれたら一切《いっさい》の問題は起きない
第二に日本の法務省《ほうむしょう》が君の日本国籍申請《にほんこくせきしんせい》を許可《きょか》する可能性《かのうせい》はないし再申請を許可する可能性もないが
君が我々に協力するなら…
…何を言っていますか?
日本の法務省がですか?

そうだ
日本国籍取得《しゅとく》の件で我々は君を助けることが出来る
日本政府は私に日本国籍を認めない…
でもあなた方に協力したらあなた方が日本国籍を取ってくれるの？
君が協力すれば国籍を取得出来なくても
パスポートの期限延長《きげんえんちょう》に関しては一切問題がなくなる
我々は必要《ひつよう》な書類《しょるい》は出してあげるし
日本の中国大使《ちゅうごくたいし》に…
…ええと名前は何だっけ？

協力すれば書類以外に
日本側で政治家を探して手続きをしてくれるというの？
はい
そうです
我々は
中央政府（国）の直轄《ちょっかつ》ですから
……
私は愕然《がくぜん》としました

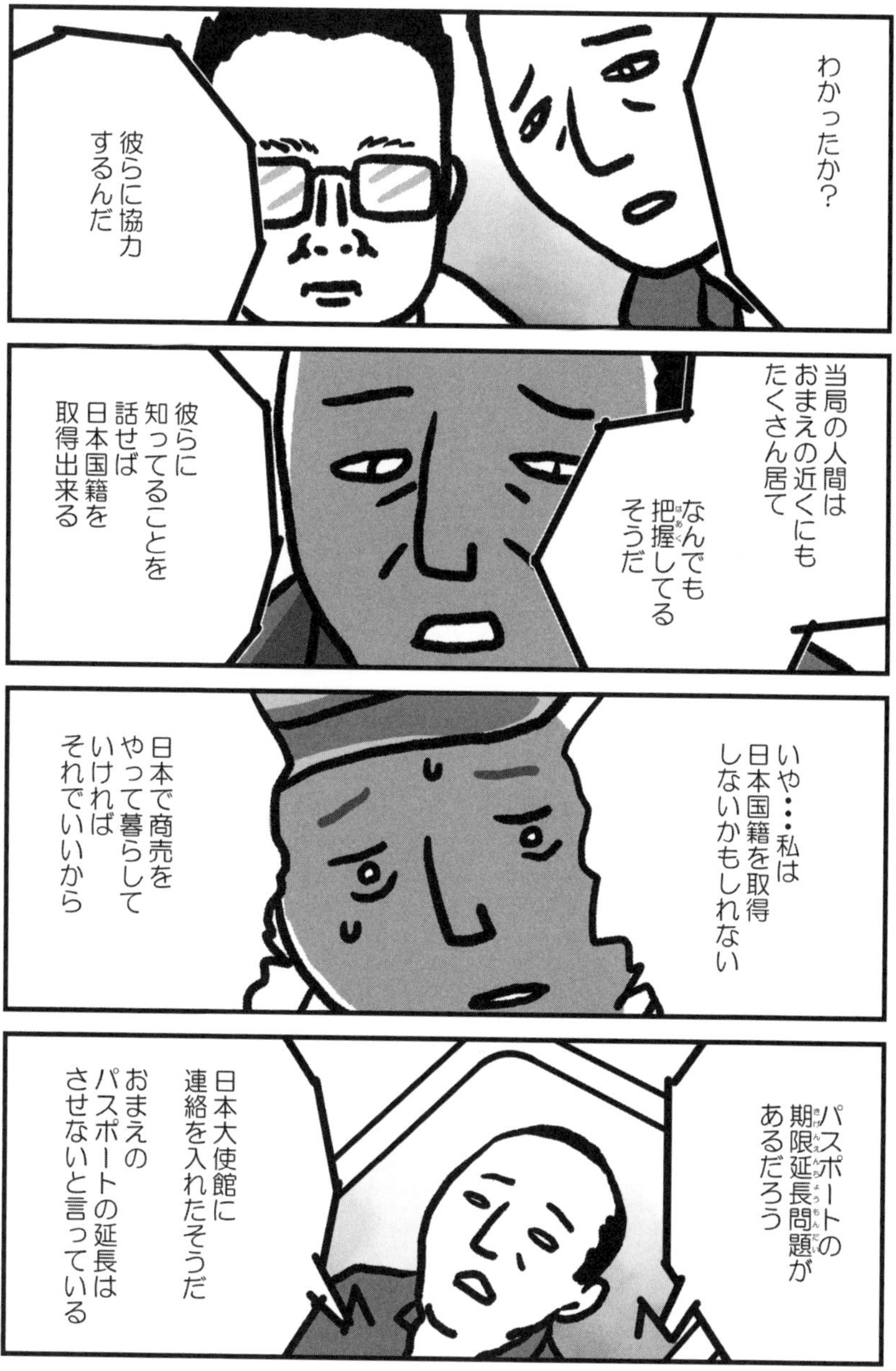
わかったか?
彼らに協力するんだ
当局の人間はおまえの近くにもたくさん居て
なんでも把握《はあく》してるそうだ
彼らに知ってることを話せば日本国籍を取得出来る
いや…私は日本国籍を取得しないかもしれない
日本で商売をやって暮らしていければそれでいいから
パスポートの期限延長問題《きげんえんちょうもんだい》があるだろう
日本大使館に連絡を入れたそうだ
おまえのパスポートの延長はさせないと言っている

……
彼らが「延長しても良い」と連絡を入れたら期限を延長するそうだ
疑《うたが》う余地《よち》はない おまえは日本で人を信じない癖《くせ》がついたね
……
世の中では新疆《しんきょう》でこんなことが起きているとか噂《うわさ》してるらしいが
現実はそんなことはないよ わかったか
だからおまえは彼らに協力して情報《じょうほう》を渡して中国に貢献《こうけん》しなさい
いずれおまえたちは必ず中国に帰ってくるんだから

…兄さん お母さんは元気ですか？
母さん？元気よ
じゃあ次回は家から話そうか？
…家からはやめたほうがいいと思う
了解《りょうかい》 なんでウイグル協会になんか関わったのよ？
切りますよ兄さん
お元気で
身体に気をつけて
家族全員によろしくお伝えください
了解

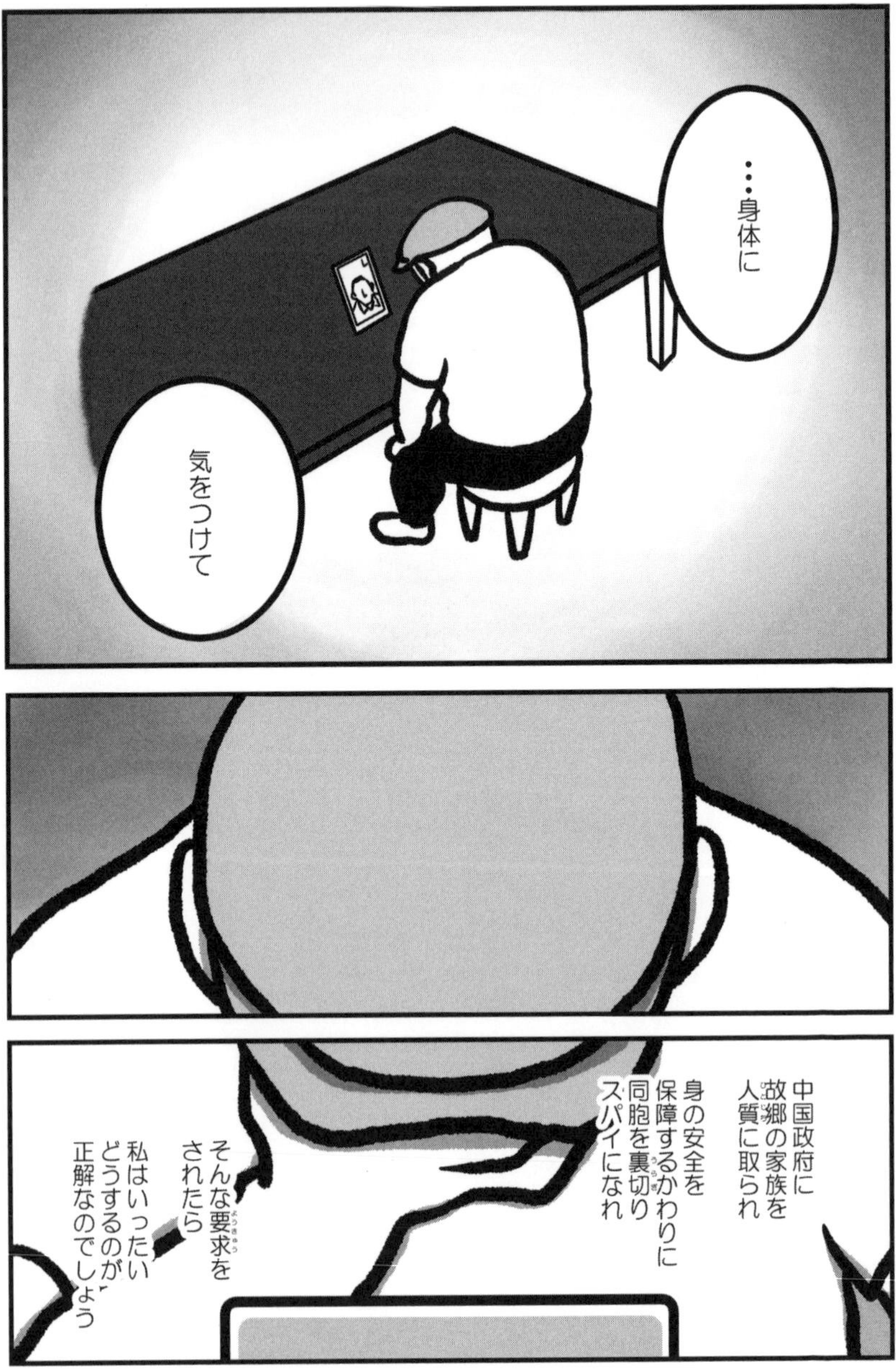
…身体に
気をつけて
中国政府に
故郷の家族を
人質《ひとじち》に取られ
身の安全を
保障するかわりに
同胞を裏切《うらぎ》り
スパイになれ
そんな要求《ようきゅう》を
されたら
私はいったい
どうするのが
正解なのでしょう

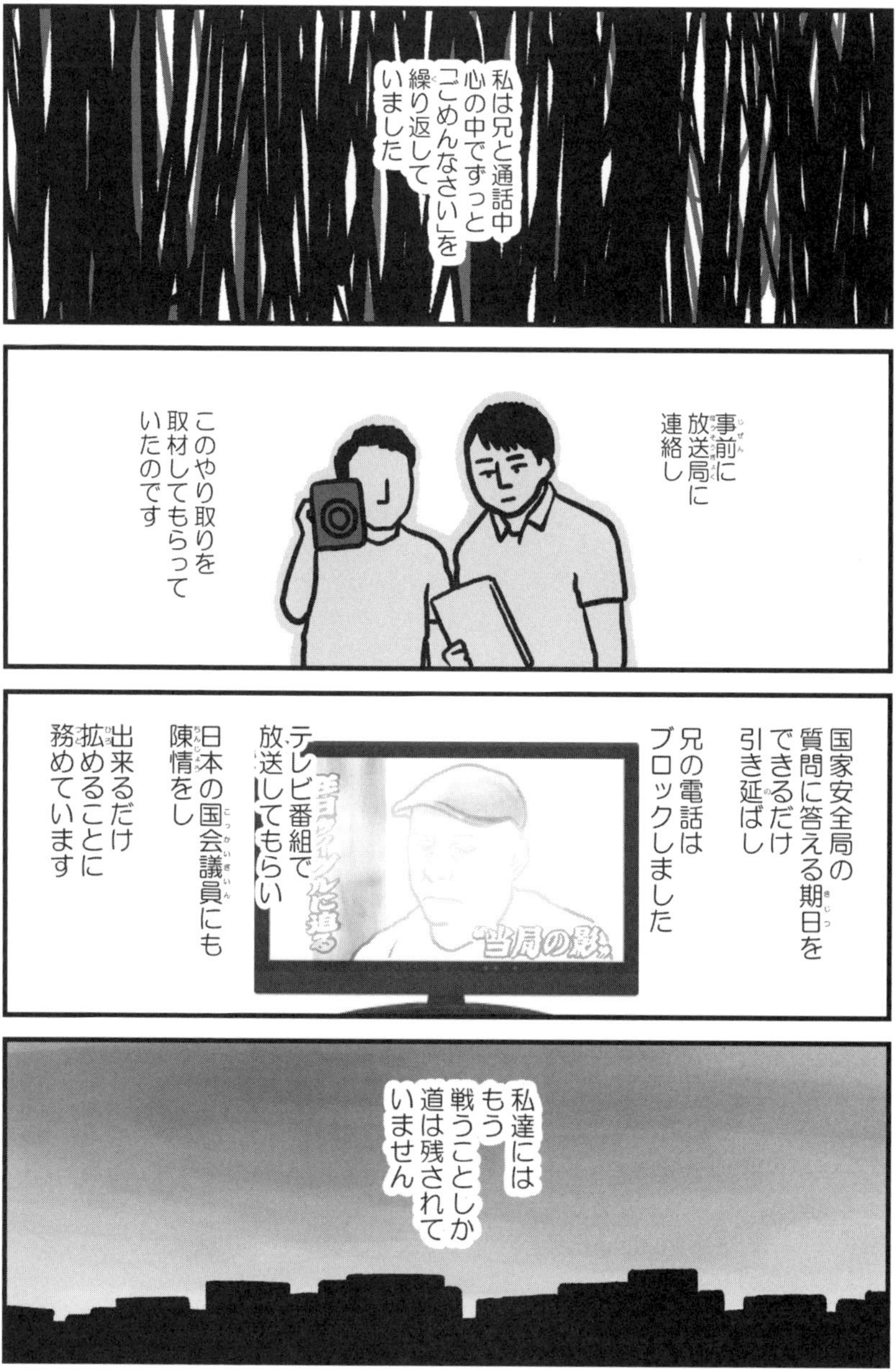
私は兄と通話中
心の中でずっと
「ごめんなさい」を
繰《く》り返して
いました
事前《じぜん》に
放送局《ほうそうきょく》に
連絡し
このやり取りを
取材してもらって
いたのです
国家安全局の
質問に答える期日《きじつ》を
できるだけ
引き延《の》ばし
兄の電話は
ブロックしました
“当局の影”
テレビ番組で
放送してもらい
日本の国会議員《こっかいぎいん》にも
陳情《ちんじょう》をし
出来るだけ
拡《ひろ》めることに
務《つと》めています
私達には
もう
戦うことしか
道は残されて
いません

ウイグル人や
香港人《ほんこんじん》
中国共産党に
弾圧を受けている
人たち
日本や世界の
未来の
ためにも
私は活動を続け
このことを
表に出そうと
決めました
だから
私は
証言します
私の名は
ハリマト
ローズ
Halmat Rouzi

お願いします

このようなことは
海外に住む
ウイグル人の
身に起きており
多くの人が
家族を人質に取られ
中国政府に
脅迫《きょうはく》されています

日本政府を含《ふく》む
国際《こくさい》社会が強く
対応《たいおう》してくれる
ことを願っています

参考・出典

https://www.nhk.or.jp/
kokusaihoudou/archive/2020/06/0629.html

証言者
ハリマト・ローズ
Halmat.Rouzi
（兄 Arken.Rouzi）

著者
清水ともみ
Shimizu Tomomi
@swim_shu

2020.07.31.

「中国に毅然と ノーを言える日本」

二〇一九年七月六日に、明治大学で「中国新疆ウイグル自治区・ムスリム強制収容を語る」という会合が開催された（アムネスティと明治大学現代中国研究所の共催）。

清水さんが『私の身に起きたこと　とあるウイグル人女性の証言』で取りあげた、女性ミフリグル・トゥルソンさんもビデオレターの形で登場。彼女は、夫の勤務先のあるエジプトで生まれてまもない子供三人を親に見せようと帰国したら、突然拘束された体験を語った。そのほか、在日ウイグル人の家族を返せといった訴えなど、四時間近い集会だった。先述の水谷尚子さんも司会役で熱弁をふるっていた。

ミフリグルさんは、得体の知れない注射やクスリなどを飲まされたとうえに、電気ショックや拷問なども受けたと証言。容疑は、ただ、外国にいて危険思想にかぶれたに違いないという見込みからのものだった。

そのほか、本書でも取りあげた在日ウイグル人（ムハラム・ムハンマドアリ）も集会で証言。日本政府は、こういう中国に虐待されている人の亡命を受け入れるだけの度量があるのだろうか。

かろうじて中国がパスポートの更新をしないためにビザが切れているウイグル人たちを強制送還することなく、事実上受け入れているようではあるが…。本当の意味での「人権先進国」になるためには「中国に毅然とノーを言える日本」にならなくてはいけないはずだ（編集部）。

第七章　日本への「夢」を奪われて……

名前は
アイトゥルスン
エリ
カシュガルで
生まれ育った
両親にとって
自慢《じまん》の
ひとり娘

日本に
憧《あこが》れ
日本語を
勉強していた
日本へ
行くことは
叶《かな》わなかった
けれど
大好きな
日本語を
活《い》かす仕事に
ついた

カルコルム山脈
周辺
タシクルガン
パミール高原
カラクリ湖
愛する
ふるさとの
名所《めいしょ》を
日本から来た
観光客《かんこうきゃく》に
案内《あんない》する仕事
34歳
旅行会社の
副社長
充実《じゅうじつ》していて
夢《ゆめ》も
たくさんあった

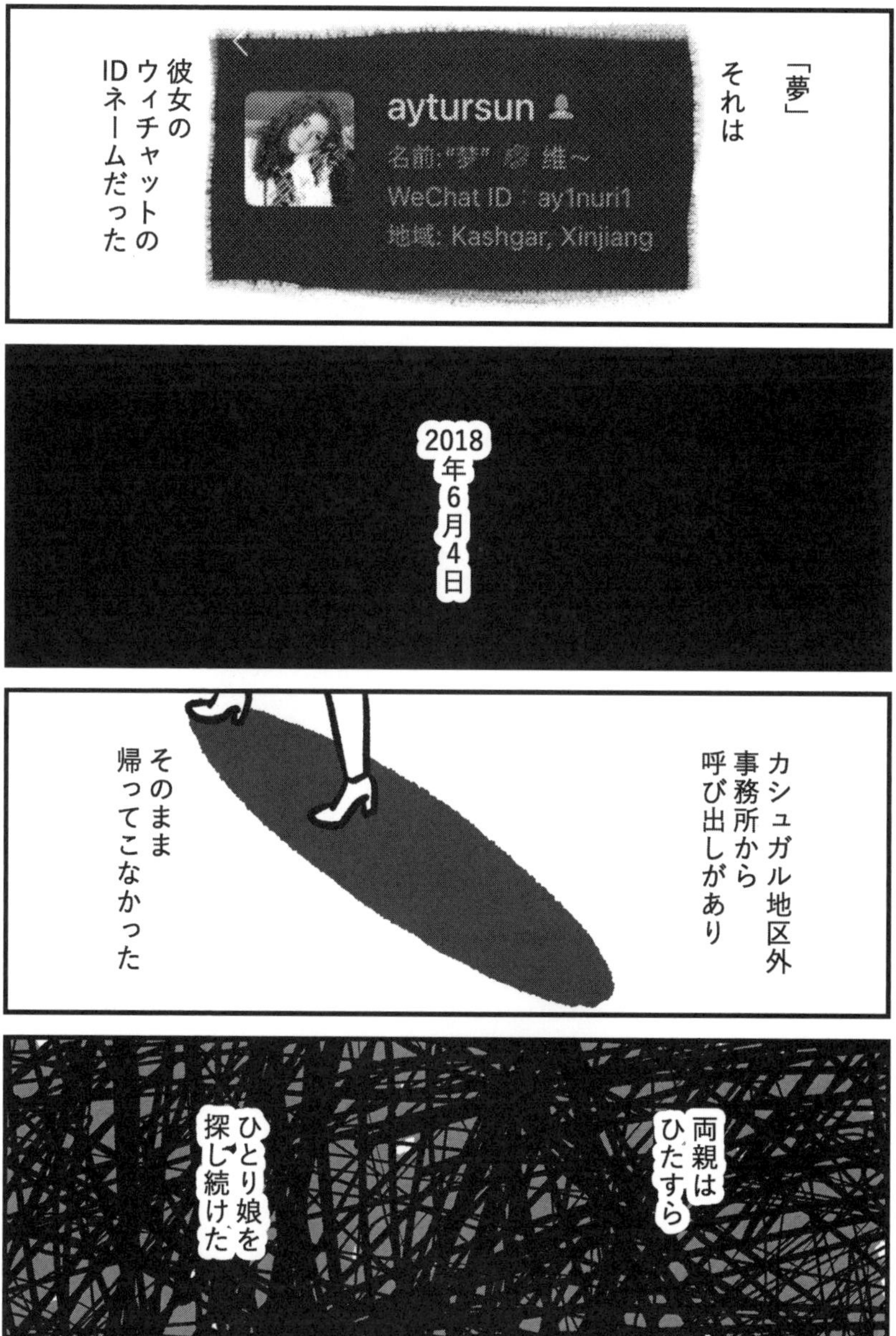

「夢」
それは
aytursun
名前:"梦" 维~
WeChat ID : ay1nuri1
地域: Kashgar, Xinjiang
彼女のウィチャットのIDネームだった
2018年6月4日
カシュガル地区外事務所から呼び出しがあり
そのまま帰ってこなかった
両親はひたすら
ひとり娘を探し続けた

4日後
警察《けいさつ》だ！
おまえたちの娘のことで話がある！
いいか騒《さわ》ぐんじゃない！
娘は今病院にいるが
少しでも騒いだら娘に会わせないぞ！

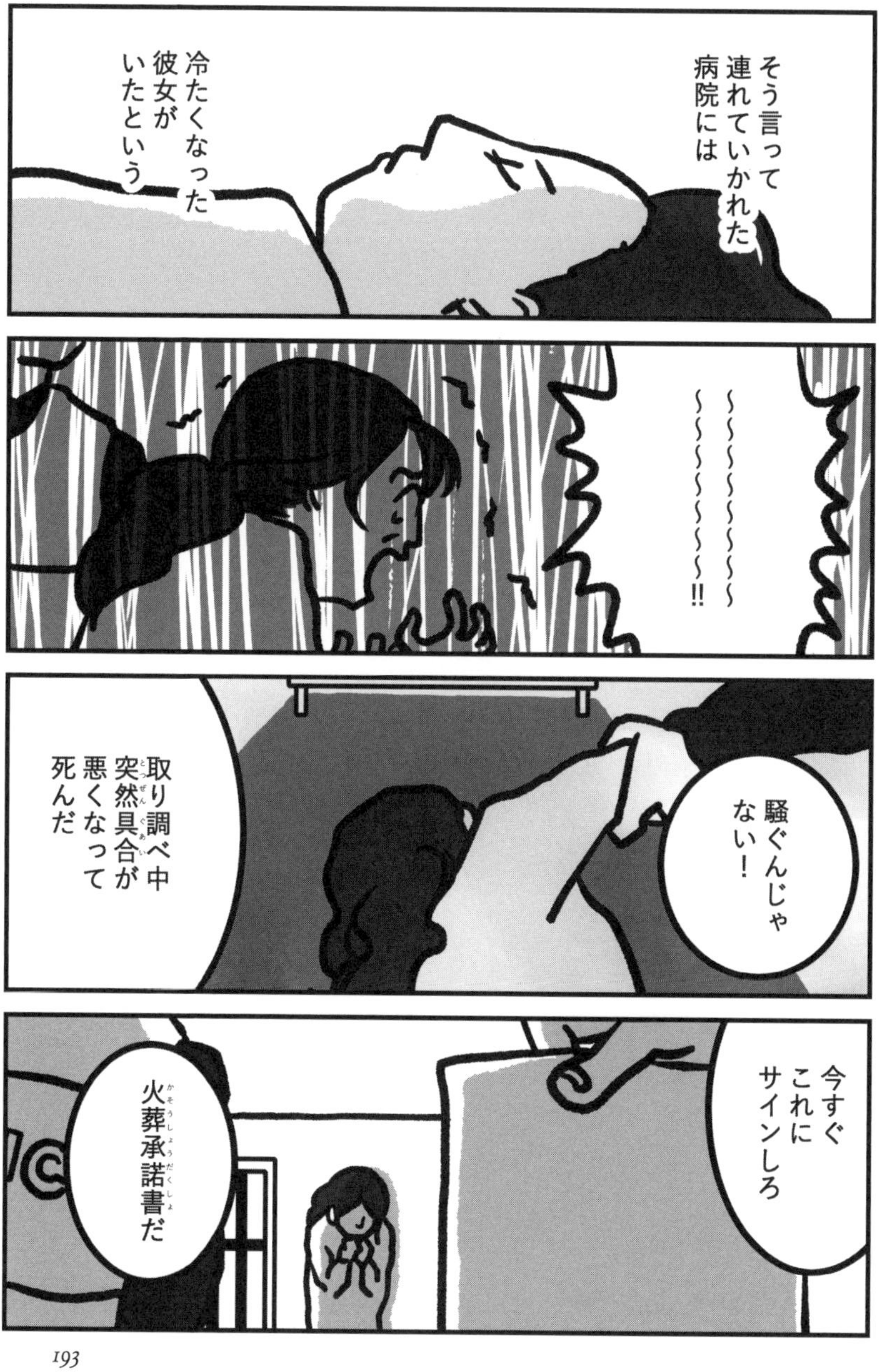
そう言って連れていかれた病院には
冷たくなった彼女がいたという
〜〜〜〜〜〜〜〜〜〜〜〜〜〜〜〜〜〜〜〜!!
騒ぐんじゃない！
取り調べ中突然《とつぜん》具合《ぐあい》が悪くなって死んだ
今すぐこれにサインしろ
火葬承諾書《かそうしょうだくしょ》だ

両親は娘に触ることもできないまま
目の前で遺体《いたい》を燃やされた

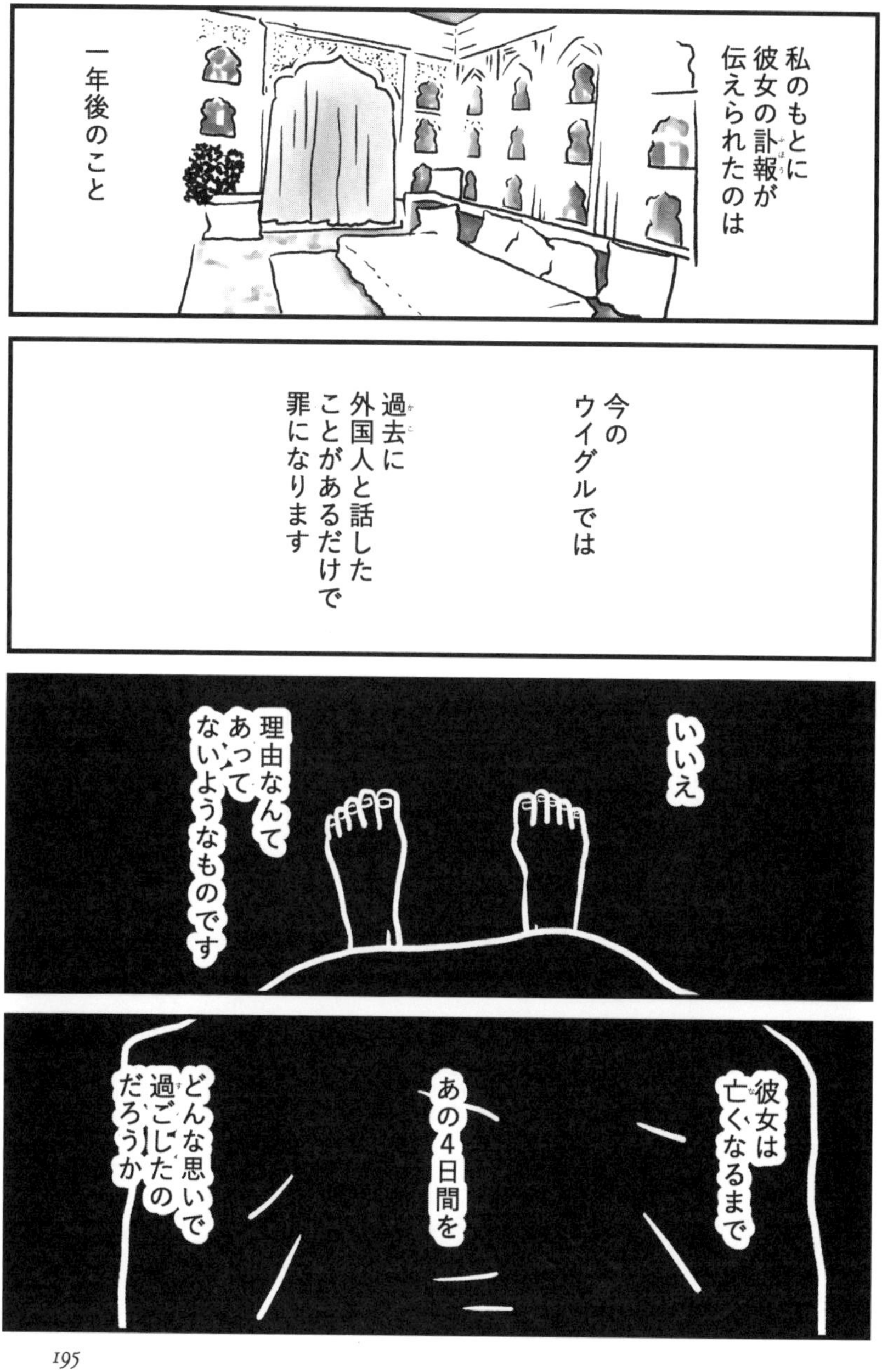
私のもとに彼女の訃報《ふほう》が伝えられたのは
一年後のこと
今のウイグルでは
過去《かこ》に外国人と話したことがあるだけで罪になります
いいえ
理由なんてあってないようなものです
彼女は亡《な》くなるまで
あの4日間を
どんな思いで過《す》ごしたのだろうか

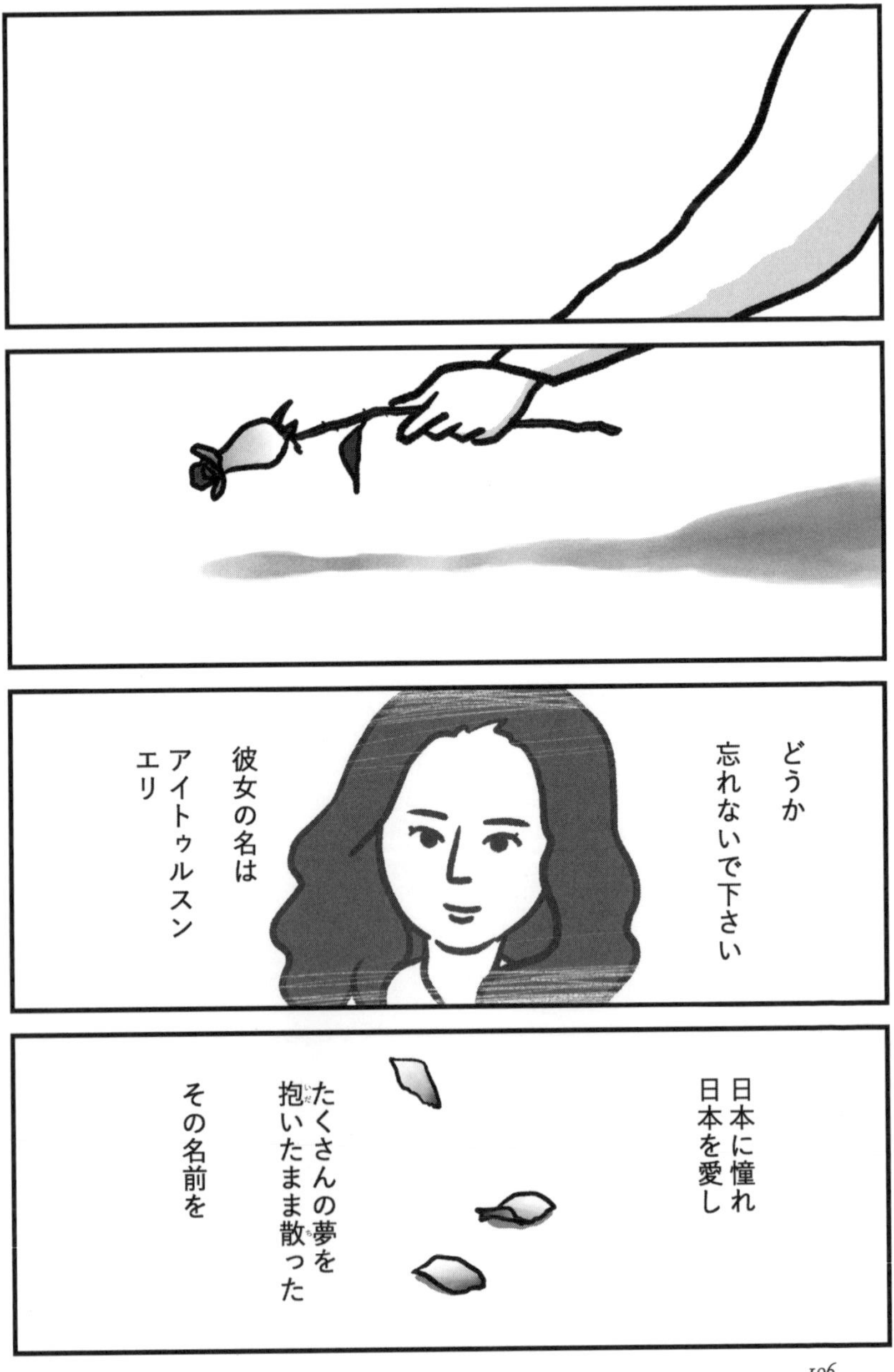
どうか
忘れないで下さい
彼女の名は
アイトゥルスン
エリ
日本に憧れ
日本を愛し
たくさんの夢を
抱《いだ》いたまま散《ち》った
その名前を

アイトゥルスン・エリさんの
ご冥福をお祈り申し上げます

この作品は
亡くなった彼女をよく知る方に
取材し作成しました

ご両親の証言は
RFA（ラジオフリーアジア）
https://www.rfa.org/uyghur/
xewerler/aytursun-eli-06192019225208.html
にて公開されています

ウイグル（東トルキスタン）の話

In East Turkestan, Uyghurs 2020

ウイグル人の子供の名前には禁止リストがあります

イスラム色やウイグルの民族性の強い名前は禁止されています

政府の記録にあるウイグル自治区での不妊手術《ふにんしゅじゅつ》件数です

不妊手術件数

2014年	**3214件**
2018年	**60440件**

ウイグル人は不妊手術を率先《そっせん》してする民族ではありません

エイドリアン・ゼンツ氏
新疆におけるウイグル出生率の抑制運動より

決められた人数を超える妊娠《にんしん》をした場合強制的に中絶《ちゅうぜつ》手術が施《ほどこ》され拒否《きょひ》すれば収容所に送致《そうち》されます

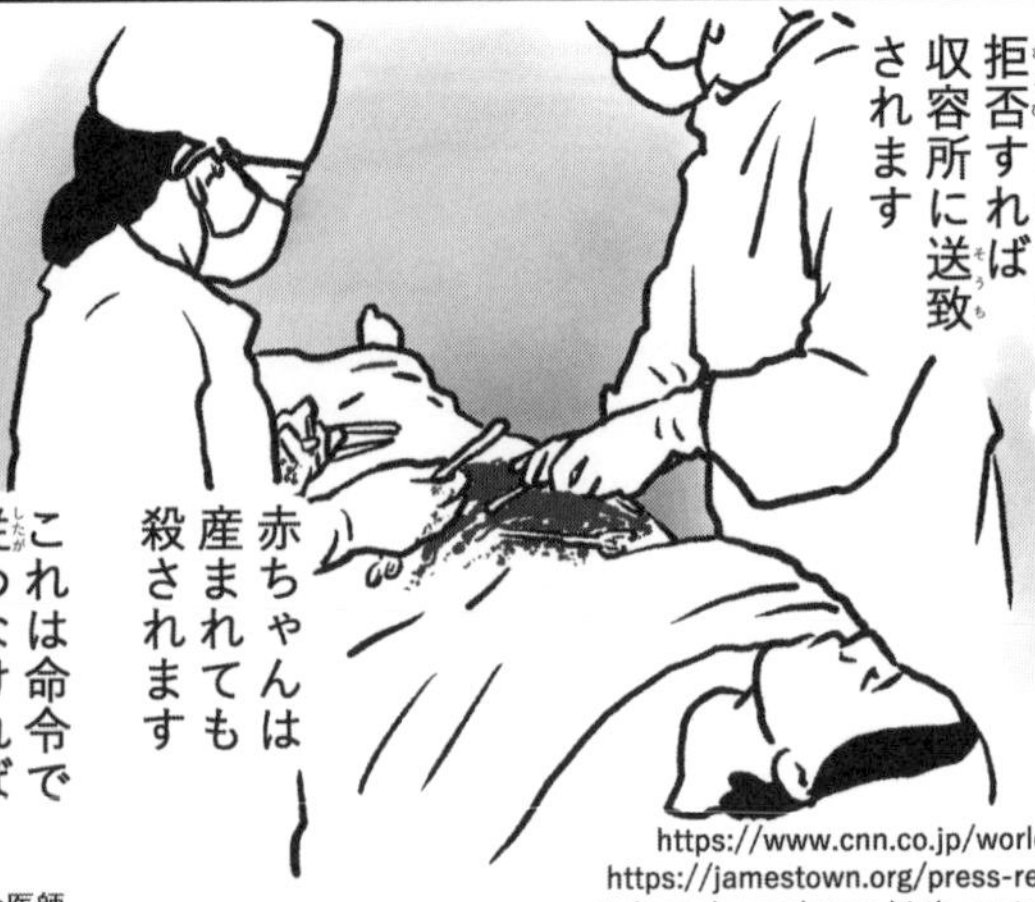

赤ちゃんは産まれても殺されます

これは命令で従《したが》わなければ病院が罰《ばつ》を受けます

https://www.cnn.co.jp/world/35157593.html
https://jamestown.org/press-releases/sterilizations-iuds-and-mandatory-birth-control-the-ccps-campaign-to-suppress-uyghur-birthrates-in-xinjiang/

Hasiyet Abdulla医師
https://www.businessinsider.jp/post-218645

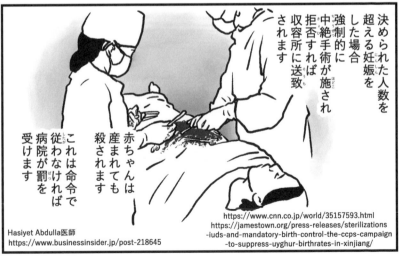

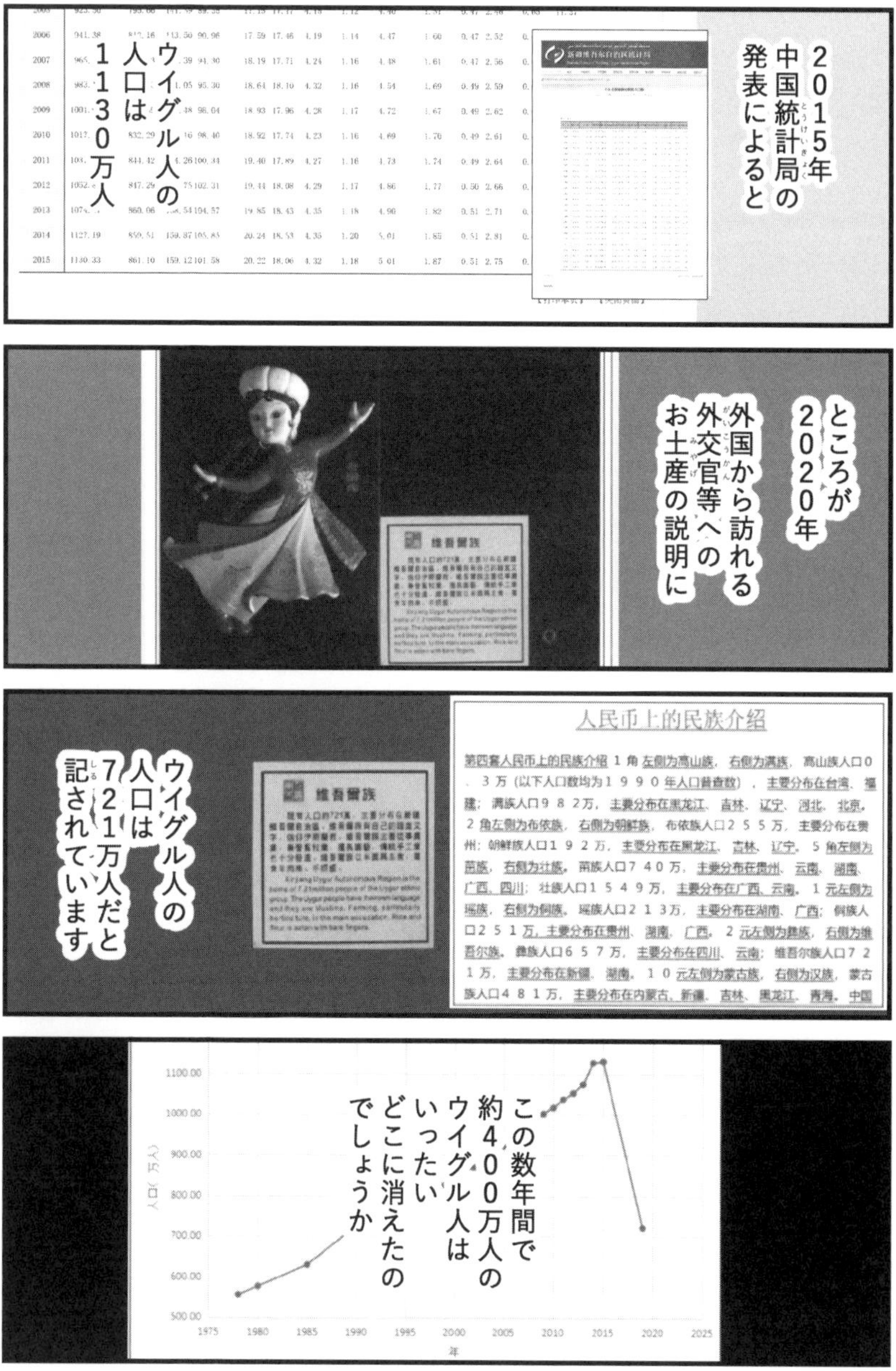
2015年中国統計局《とうけいきょく》の発表によると
ウイグル人の人口は1130万人
ところが2020年外国から訪れる外交官《がいこうかん》等へのお土産《みやげ》の説明に
维吾尔族
ウイグル人の人口は721万人だと記《しる》されています
人民币上的民族介绍
第四套人民币上的民族介绍 1角 左侧为高山族，右侧为满族，高山族人口0．3万（以下人口数均为1990年人口普查数），主要分布在台湾、福建；满族人口982万，主要分布在黑龙江、吉林、辽宁、河北、北京，2角左侧为布依族，右侧为朝鲜族，布依族人口255万，主要分布在贵州；朝鲜族人口192万，主要分布在黑龙江、吉林、辽宁，5角左侧为苗族，右侧为壮族，苗族人口740万，主要分布在贵州、云南、湖南、广西、四川；壮族人口1549万，主要分布在广西、云南，1元左侧为瑶族，右侧为侗族，瑶族人口213万，主要分布在湖南、广西；侗族人口251万，主要分布在贵州、湖南、广西，2元左侧为彝族，右侧为维吾尔族，彝族人口657万，主要分布在四川、云南；维吾尔族人口721万，主要分布在新疆、湖南，10元左侧为蒙古族，右侧为汉族，蒙古族人口481万，主要分布在内蒙古、新疆、吉林、黑龙江、青海、中国
この数年間で約400万人のウイグル人はいったいどこに消えたのでしょうか
人口（万人）
1100.00
1000.00
900.00
800.00
700.00
600.00
500.00
1975 1980 1985 1990 1995 2000 2005 2010 2015 2020 2025
年

あとがき　中国共産党による弾圧に苦しむ人のために

この本を手に取っていただきありがとうございます。はじめに御礼を述べさせて下さい。

先に絵本になりましたミフリグル・トゥルソンさんの証言「私の身に起きたこと～とあるウイグル人女性の証言～」（季節社）以外の、書下し作品を含めたウイグル関連作品を、今回、書籍として発行していただくワック株式会社の皆様、そして、対談とこの本への掲載を快く引き受けてくださり、いつも応援してくださる楊海英先生に心から感謝申し上げます。

二〇一九年の九月、「私の身に起きたこと」がＳＮＳで話題になってすぐに、ウイグルの証言集を出しましょうと声をかけてくださった澤田さんという編集者がいます。その方の企画によって、私はウイグルでの証言を5本描き上げることが出来ました。「ウイグルは中が見えないから」と、その弾圧の話を信じてもらえない、まともに取りあってもらえないことがあると聞いていました。ですから私も、ひとつの証言をどうこう言うよりも、複数の具体的な証言によって光を当てれば、より真実が浮き彫りになり、多くの方に理解してもらえると思ったので、この作業に全精力を傾ける覚悟をしました。彼女のもとでの出版は叶いませんでしたが、そう決まってからも、外国人の証言翻訳や海外ジャーナリストとのやり取りを含め、証言マンガ作成に多大なご協力をいただきました。

そして、事あるごとに作品のご紹介や応援、協力をしていただいたジャーナリストの大高未貴さん。いつも薫陶《くんとう》を賜《たまわ》り、前著にこの上ない書評を書いてくださった三浦小太郎先生。

自身の貴重な体験を私に伝え、表現することを託してくれたウイグル人カザフ人の皆様。その陰には人種を問わず大勢の表には出られない方々の協力や、支援、行動があったこともお伝えしたいです。本書の中に描き下ろしの作（第七章）がございますが、これもご本人が亡くなっているため、ご本人をよく知る方の証言になります。顔やお名前は記載出来ませんが、おかげさまで精一杯の形で趣向の変わった作品になりました。

この本に掲載されている全ての作品の初出は商業誌ではありません。ツイッターに投稿したマンガに対して、読んでくださった皆様おひとりおひとりのリツイート、そこからの他媒体での拡散、伝えなければというお気持ちの大きさで完成に至ったと思っております。よくコメントで「私には何の力もありませんが、せめてリツイートします」といただきます。まさにそのような力の結晶です。

お力をいただいた全ての皆様、本当にありがとうございました。

一連のウイグル漫画を描いたことによって、自分が長年生業にしてきたにも関わらず、改めて漫画という媒体の「伝える力」のポテンシャルの高さに驚いています（もちろん文章や他の媒体の方がより適した題材は多々あるし、絵で表現できない世界は数多くあります）。

証言を表現する時に、どう伝えたら効果的か、ということは考えましたが、「描く側の気持ち」は全く必要ないというつもりで描きました。描くのは私ですが、証言はあくまでも証言者のものです。彼らの真（まこと）に、出来るだけ近いものをマンガで伝えることが出来たなら幸いです。

「どうしてウイグルを？」

ムスリムなのか？　知り合いがウイグルにいるのか？　どうしてあなたが？　など、よく尋ねられました。この場を借りて最初に描くことになったいきさつを記しておきます。ご興味のある方はご覧ください。

私は生来、ウイグルとは何の関りもない普通の日本人です。神社にお参りし、亡くなったらお寺のお墓に入るでしょう。ムスリムではなく、ウイグル人に知人もいませんでした。主婦業の傍ら、別名でイラスト、アニメ動画製作の仕事をしていました。

きっかけは二〇〇七年、テレビで中国鉄道で旅をする一日十分の番組をやっていて、楽しみにしていました。その終着駅付近の新疆ウイグル自治区、カシュガルの一面の綿畑でひとり綿摘みをする農婦が印象的でした。声をかけてもあまり見ようともせず答えようとしないのです。途中から外国人と話す彼女に見張りのような人物も来ていました。そもそもあの場所が中国？　とも思いましたし、他の旅番組では見たことのない違和感を覚えながら、その短いシーンを十年以上忘れられませんでした。

その後、「東トルキスタンからの手紙」という文章がネット上に回っていた頃、本当なら酷いことだと思い、私も当時長年やっていた自分のブログで記事にしました。反響は大きかったのを覚えています。でも正直その時はまだよく理解していませんでした。ことの真相も、自分が何をしたらよいのかも。

そのうちＤＨＣテレビ様の虎ノ門ニュースを視聴するのが日課となり、そこで初めて「ウイグル弾圧」を具体的に知ることになりました。あまりの内容に、自分でも調べはじめ、その内容に驚愕。地名などを知り、やっと気付いたのです。これがあの農婦の違和感の正体だったのだと。

調べ続ける中での「弾圧以上のこと」の惨さに、私は震えながら周囲を見渡しましたが、このことを知る人など誰もいないのは理解できました。

古くから核実験が行われ、政治に詳しい人の間では十年以上前から話題になっているようでした。しかし、それ以外の多くの人には全くと言っていいほど伝わっていません。大方のメディアにおいてウイグルは禁忌であることも手伝って、周囲への情報伝達は困難でした。日本で暮らしていたら、あまりにも荒唐無稽に聞こえてしまう内容だからです。皆、にわかには信じられないのです。下手すれば伝えるこちらが人間性のおかしい人になってしまう。

非常にもどかしい思いの中、そういえば私は漫画家として仕事をしていたことがあり、漫画で表現することが出来るのだから、政治に興味のない人がウイグルの現状を理解しやすいように、ストーリー漫画にすることが出来るのではないかと思いつき、試みました。出来るだけ短く、ファクトをたがえないように。

そうして描いた「その國の名を誰も言わない」が在日ウイグル人の間で少し話題になり、海外からも翻訳等コンタクトがありました。ウイグル人に「もっと描いて下さい」とも言われましたが、そもそもウイグルのことを全く知らないのだから、こんな素人は伝えるために一本だけ、職能を使ってボランティアとして漫画を描いても、それ以上のことは出来ない。元のイラストや動画作りの仕事に戻ろうと思っていました。

そんな中、とあるウイグル人に誘われ、何の気なしに明治大学で行われた証言集会に出向き、そこで後の「私の身に起きたこと」のモデルとなるミフリグルさんの証言を聞くことになりました（この動画は現在、日本ウイグル協会のホームページで見ることが出来ます）。他の在日ウイグル人の生身の証言とも出会い、彼らが最近になって命がけで顔と名前を出して証言を始めたことも知りました。

ミフリグルさんの話は、かなり衝撃的な内容だったので、とっさに簡単なメモは取ったものの、会場での撮影や録音は禁止だったことや当時、仕事が忙しかったこともあり、その時点でその証言をマンガにすることは全く考えていませんでした。会場には取材カメラも複数入っていたので、大きく報道してもらえればもっと拡がるだろうとも思っていました。

その後、何日経ってもミフリグルさんの証言内容が頭から離れませんでした。二週間くらい経った頃、「これはなんとか形にして残しておいた方が良いのではないか」と思うようになりました。

よくあるツイッターに流れてくる数頁の短いマンガ。タイムラインに流れてきて、短いものなら、ふとタップして楽しむ。あんな感じで一頁でも読んでもらえたらというような考えが頭に湧いては消えていきました。「あの証言は過酷過ぎてリアルには描けない。絵本のようにごく短くシンプルに伝えればよいのではないか」『もし誰かに怒られたら、謝って引っ込めればいい』「あくまでも個人的な発信だ」と。

あの証言集会で、質問者の問いに、ウイグル人の青年が答えた言葉を思い出しました。「私たち日本人に出来ることは何ですか？」『今日見たり聞いたりしたことを、SNSやどんな方法でも良いので周りの人に広めてください」

彼の言葉が最終的に私の背中を押しました。

メモをもとに一日一時間だけと決めて作業をはじめ完成した「私の身に起きたこと」は、二〇一九年（令和元年）八月三十一日の夕方に私のツイッターで発信し、またたくまに八万もの拡散をいただきました。それぞれ純粋な有志の方々の手によって、15カ国語に翻訳され、「伝えるために」世界を駆け巡りました。そのことが、本書に複数収められているウイグル証言に繋がりました。

私は知ってしまったことを、自分の出来ることで描き伝えました。それだけです。大きく拡げてくださったのは、あくまでも共感し反応してくれた方々の力です。

第二章の証言にもありますように、彼らは日本人を心配しています。訴えは私たち日本人のみならず、世界に警告を発しています。ウイグル人だけではなく、モンゴル人、チベット人、香港人など異口同音にです。しかし現在、中国共産党という国家の皮を被った組織と、経済面、文化面、人的交流でも抜き差しならない間柄になっている国は非常に多く、その中で最も国民がその恐ろしさを認識していない、国としても危険性を発信せず肩を組んでいる世界の大国は日本ではないのでしょうか。だとしたら尚の事、私たち日本人は彼らの声に耳を傾けるべきではないのでしょうか。

証言は氷山の一角です。現状、声を発することすら出来ず、人生を踏みにじられている大勢の方の声を「伝える」ため、ひとりでも多くの方にこの本を利用していただけること、一刻も早い解放の一助になりますことを願っております。

すべてのウイグル人、中国共産党による弾圧に苦しむすべての人々のために。

令和二年十二月

清水ともみ

清水ともみ（しみず・ともみ）
静岡県出身。1997年、講談社『Kiss』にてデビューし、作家活動を始める。子育てに専念した後、イラスト動画制作に携わる。2019年4月にウイグル弾圧の実態を描いた『その國の名を誰も言わない』、同年8月に『私の身に起きたこと～とあるウイグル人女性の証言～』をTwitterにて発表。大きな反響を得て、海外を中心に多くのメディアが紹介。米国務省の広報HPなどに掲載される。著書『私の身に起きたこと ～とあるウイグル人女性の証言～』（季節社）。

命《いのち》がけの証言《しょうげん》

2021年１月30日　初版発行
2021年５月25日　第８刷

著　者　清水ともみ

発行者　鈴木　隆一

発行所　ワック株式会社
東京都千代田区五番町4-5　五番町コスモビル　〒102-0076
電話　03-5226-7622
http://web-wac.co.jp/

印刷製本　大日本印刷株式会社

ISBN978-4-89831-500-2